U0708562

揭开世界文化之谜

历史文化密码

边学成◎编著

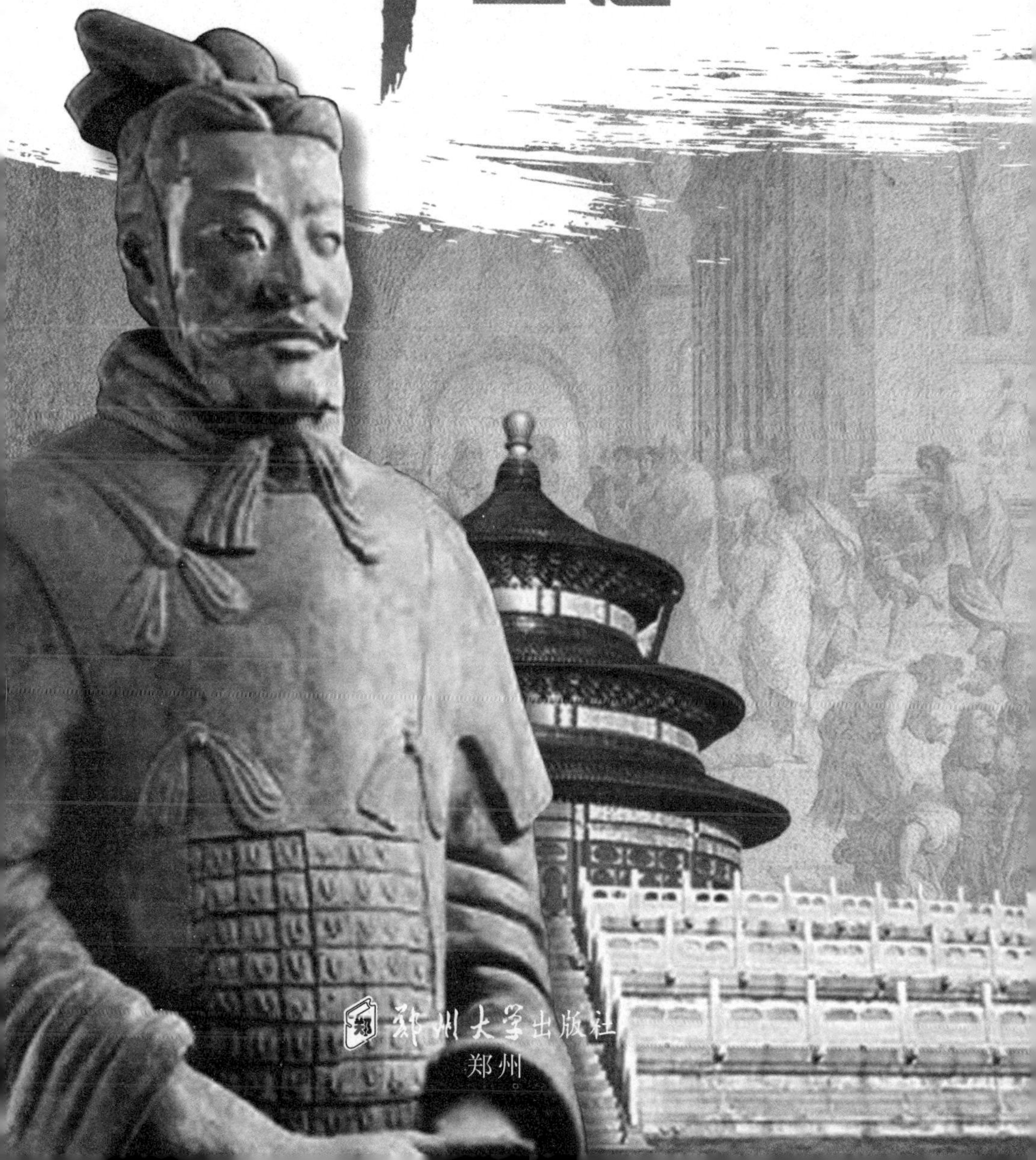

郑州大学出版社
郑州

图书在版编目(CIP)数据

揭开世界文化之谜/边学成编著.—郑州:郑州大学出版社,2016.1

(历史文化密码)

ISBN 978-7-5645-1755-7

Ⅰ.①揭… Ⅱ.①边… Ⅲ.①世界史-文化史-青少年读物 Ⅳ.①K103-49

中国版本图书馆 CIP 数据核字(2014)第 114704 号

郑州大学出版社出版发行
郑州市大学路40号　　　　　　　邮政编码:450052
出版人:张功员　　　　　　　　　发行部电话:0371-66966070
全国新华书店经销
辉县市伟业印务有限公司印制
开本:787 mm×1 092 mm　1/16
印张:13
字数:187 千字
版次:2016 年 1 月第 1 版　　　　印次:2016 年 1 月第 1 次印刷

书号:ISBN 978-7-5645-1755-7　　　定价:29.80 元

本书如有印装质量问题,请向本社调换

目录

第一篇　世界文化名人

梵高自杀之谜 …………………………………………………… 3
安徒生身世之谜 ………………………………………………… 12
英国报业大王死因之谜 ………………………………………… 14
牛顿为何晚年精神失常 ………………………………………… 17
裴多菲死因之谜 ………………………………………………… 20
怎样认识勃拉姆斯 ……………………………………………… 23
贝多芬耳聋和死亡之谜 ………………………………………… 27
川端康成自杀之谜 ……………………………………………… 31
卡拉扬是纳粹战犯吗 …………………………………………… 35
梭伦尸骨今何在 ………………………………………………… 38
苏格拉底死因之谜 ……………………………………………… 41
马可·波罗是否在说谎 ………………………………………… 45
莫里哀因何而死 ………………………………………………… 48
塞万提斯葬于何处 ……………………………………………… 51
哥伦布到底是哪国人 …………………………………………… 54

第二篇　引人遐想的文化悬案

罗刹王尸体之谜 …………………………………… 61
儒学何时传入日本 ………………………………… 63
中国"罗马城"之谜 ………………………………… 66
查科文化突然消失之谜 …………………………… 69
印刷术西传之谜 …………………………………… 73
印加帝国计算机语言之谜 ………………………… 74
谁是图书的开山祖 ………………………………… 77
拉丁字母表产生之谜 ……………………………… 80
古代典籍留存之谜 ………………………………… 83
养蚕技术西传之谜 ………………………………… 86
谁是世界上的第一位女诗人 ……………………… 89
二进制的发明与《周易》有关 …………………… 91
耶稣裹尸布之谜 …………………………………… 94
埃及玻璃何时传入中国 …………………………… 98
谁是杀害普希金的凶手 …………………………… 101

第三篇　迷雾重重的世界文化

"科学末日"之谜 …………………………………… 107
宙斯神像之谜 ……………………………………… 109
凡高的《向日葵》真假之谜 ……………………… 110
"罪恶的天才"之谜 ………………………………… 113
比才的死因之谜 …………………………………… 116
西班牙的史前画廊之谜 …………………………… 119

是谁接受了莎士比亚的最美的诗	121
汉谟拉比为什么要制定法典	124
《包法利夫人》的思想内容之谜	127
亚历山大图书馆毁灭之谜	132
大洪水与诺亚方舟之谜	135
经络学说之谜	136
荒原巨画的作者之谜	138
墨学是乌托邦式的空想吗	141
古埃及人制造木乃伊的原因是什么	143
《巨人传》的创作之谜	144
《根》风靡美国之谜	147
最早的茶叶专著之谜	149
《神曲》的完成时间之谜	150
最古的草药书之谜	152
古希腊雕塑赤裸之谜	153
诺贝尔奖之谜	157
汽车大王创业之谜	159
"奇怪战争"之谜	161
希腊智慧女神之谜	164
《鲁宾逊漂流记》为什么风靡世界	166
孟德斯鸠的人生之谜	170
迈锡尼文明及其毁灭之谜	173
复活节岛的文明之谜	177
奥梅克雕像之谜	180
蒙娜·丽莎的微笑之谜	181
"魔镜"的奥秘	183
"璇玑玉衡"之谜	184

最大的综合性大百科全书之谜 …………………………………… 186

八卦模式与人脑结构之谜 ……………………………………… 186

八阵图与军事上的应用之谜 …………………………………… 188

《马拉之死》成因之谜 ………………………………………… 191

罗马人为什么要用处女守护圣火 ……………………………… 192

"月光奏鸣曲"之谜 …………………………………………… 193

玛雅文明之谜 …………………………………………………… 197

"小人国"之谜 ………………………………………………… 199

第一篇　世界文化名人

梵高自杀之谜

梵高，这位荷兰后期印象派大画家，是一个以其独树一帜的画风、荒诞不经的行为、令人悚然而惊的举止和对艺术的热烈追求而闻名遐迩的传奇式人物。塞尚曾称他为"狂人"。意大利艺术评论家小文杜里认为："梵高对后来的野兽派和表现派都有极大影响，他的艺术成就比马奈和塞尚对后继者有更大的作用。"

作为西方现代绘画艺术的杰出代表，"梵高"这个名字早已蜚声全球，成为世界最著名的大画家之一，声誉至今不衰。可以说，他是现代艺术之父，几乎还没有第二个画家能像他那样为后世所家喻户晓。他那些曾引起他同时代大多数人迷惘的作品，如今却已印在明信片上，印在挂历上，成了畅销货。企业家们则一窝蜂似地将梵高的名字带进了生意的领域，如梵高领带、梵高圆珠笔、梵高香皂、梵高电影，梵高歌剧，其作品更是国际油画拍卖市场上的遥遥领先者。

据统计，在近几年世界各地举行的名画拍卖交易中，售价在1 000万美元以上者共11幅，而其中梵高的作品就占了4幅。其中《鸢尾花》和《向日葵》分别以5 330万美元和3 985万美元高居榜首。

然而，这么一位欧洲最杰出的艺术家、画坛巨匠生坎坷，生前默默无闻，在37岁艺术生涯达至辉煌的顶峰时，用手枪自尽而去。悲剧发生在1890年7月27日巴黎附近小镇奥维尔的麦田里。

那天下午，梵高带了一支枪和画具走向麦田。在离旅馆几十米的地方，他停住了脚步，抬起头，仰面对着太阳，掏出左轮手枪，压在自己的腹部，扣动了扳机。4小时后，他苏醒了。他带着满身的血迹摇摇晃晃地回到了住处。

到了第三天早晨一点钟刚过,梵高终于因伤重而闭上了眼睛。这位为艺术奋斗了一生的杰出画家,在他的作品即将得到公认时,悲惨地离开了人世。有一位评论家这样说道:"这是一声响彻古今的枪声,因为枪声中倒毙的是一条不寻常的生命,那是一条具有无法预测深远意义的生命。"

人们在称颂梵高的伟大、叹赏其作品的杰出时,不禁对他那悲惨的命运也倍加关心起来。近几年来,国际上不约而同地掀起了对梵高死因问题的讨论。那么,究竟是什么原因驱使他自杀的呢?这种关于自杀动机的问题一直在等待着一种有说服力的答案。可事实上,国际医学界、化学界乃至艺术界对此众说纷纭,使其成了一个引人注目的历史之谜。

一个世纪以来,有关梵高的生平传记、绘画作品、电影歌剧、通信书简虽然陆续问世,但多取材不确,真伪难辨。

1953年,在梵高诞辰100周年之际,画家的侄子文森特·威廉·梵高又发表了其父写给画家的41封信。这些信件为我们探索画家短促而历经磨难的一生,无疑提供了极富价值的依据。但囿于家庭利益,有些信件至今尚未公诸于世,致使后人对画家的生平,尤其是自杀动机所下的结论难免失之偏颇。权威的《不列颠百科全书》中"梵高"条目说,

图1-1 梵 高

画家"最后因精神绝望而自杀"。但因何事而绝望，书中避而不谈。目前，关于梵高自杀原因的争论，主要有以下几种推测和看法。

1. 绝大多数有关梵高的著述均谓画家"死于精神病"。

一个有力的证据是：梵高的弟媳约翰娜于 1914 年出版了画家写给其弟泰奥的部分信件，并在序言中称，这位被 20 世纪"野兽派"和"表现派"画家奉为导师的艺术家，是受到弟弟无微不至关怀、不幸病魔缠身的艺术殉道者。这个说法为梵高的生命故事定下了基调，且影响甚广。

长期在恶劣条件下无休止地作画，梵高的健康受到了严重损害，常常受到幻觉和噩梦的袭击，萦绕心头的忧愁和郁闷使他患了精神病。慕尼黑艺术史学家阿诺尔德认为梵高的病根是严重的意志消沉伴随歇斯底里的神经崩溃。

美国当代艺术史家阿纳森在《西方艺术现代史》中说："仿佛梵高完全清醒的时候，就能记录下他精神病发作时的样子。"

梵高专门研究者纳格拉则试图用精神分析来予以解释，认为这种病既与器质性病痛无关，也与功能性病痛无关，如果说可能是癫痫型的大脑功能受到破坏的话，还不如说更多的是心灵上的原因。

我国学者在论述这一问题时，说得更为明确。如岑方在《在名人面前》一书中说："名人的自杀，一种是因为不能忍受病魔的折磨而以自杀来自我解脱，如海明威；一种是因为患了精神病，在精神失常的情况下毁灭了自己，如莫泊桑、梵高、舒曼。"靳文翰主编的《世界历史词典》认为"其艺术道路曲折，终因精神病自杀"，权威的《辞海》也说"后因精神病自杀"，等等。

然而，2001 年出版的德国新闻周刊《明镜》却提出了两点异议。

其一，梵高在自杀前数月画了最后一张《自画像》，逼真地表现出了疯人呆滞凝视、令人毛骨悚然的眼神。他通过不同层次的蓝色，运用节奏颤动的线条，映衬出雕塑般的头颅和具有结实造型感的躯干。一个精神失常、行为失控的人是不能画出如此有分寸、技法如此娴熟的画的。

画家自杀前有5个多月不曾犯过病,神志清醒,思路清晰,这曾使他对自己的健康状况甚为了解,并充满了信心。

其二,晚年曾为梵高治病的加歇医生之子小加歇认为:从梵高身上的枪伤看,一个真心想自杀的人是不会这样开枪的。另一位1890年在拉沃克思旅店住过的荷兰画家希尔施西说,梵高伤重回旅馆后,由于受不了剧痛,疼得直喊:"外面的人谁给我把肚子剖开好吗?"一个精神病患者的头脑不可能如此清醒地希望有人前来营救。

2. 认为梵高死于承受不了沉重的孤独感。

认为画家死于人与人之间紧张关系者,也大有人在。当梵高的双亲将只有11岁的儿子送到外地一个寄宿学校时,梵高便开始有了一种被遗弃的感觉,这种痛苦分离所造成的孤独,在梵高12年之后信中的回忆里表现得再清楚不过。在学校里,梵高喜欢独自一人做事,同学视他为"小野兽"而对他避而远之。梵高其貌不扬,长相丑陋,秉性孤僻,处事怪异,急躁易怒。

有人认为,梵高的这种性格和气质,妨碍他和人长久、友好地相处,难以与人们交流情感。梵高始终,人们给他的只是误解、敌意。他的自杀,可看成是一场性格悲剧。梵高和其他人关系的恶化,主要体现在与家庭成员的关系上。画家之弟泰奥虽曾数次帮助过画家哥哥,但事情并非如此简单。

1890年5月17日,梵高到巴黎看望头年4月才与约翰娜结婚的泰奥。然而两天工夫,梵高便离开巴黎回去作画了。据约翰娜讲,这是因为她大伯子不适应繁忙的巴黎生活。实际上,一封据认为是画家回奥维尔的头几天写给弟弟的信,揭示出他匆匆离开巴黎的原因——与泰奥一家发生了龃龉。"希望我们头脑都冷静下来之后再见面,那时候说不定还能在一起生活几年,而不是互相毁灭。"

其实,兄弟俩不和的种子早在1886年3月到1888年2月一起在巴黎生活时已播下了,当时泰奥写信给妹妹威莉明说"我和哥哥之间很少相互同情""他从不放过任何机会让我觉察到他在鄙视我""他总和自己过不去"。"他酷似一个两面人：一个才高、文雅、温柔，另一个自私冷酷。"6月初，泰奥再次邀兄来访。6月6日画家抵达巴黎，但同天即返奥维尔。

从1890年7月23日画家写给泰奥的信可以推断出泰奥曾给哥哥写过一封信，此信至今尚未发表，根据学术界看法，"显然已经遗失了"。

阿诺尔德在撰写评价梵高生平的专著时，声称已获得此信原件的照片——保存在荷兰梵高博物馆研究室，之所以"遗失"，是因为分类有误，并第一次将它公诸于世。信中写道，"……你是从什么地方看到'激烈的家庭争吵'的呢？是不是和德利斯（约翰娜之兄）发生口角呢？我想，他干事是大胆了些，可他本来就那样，这不是和他闹翻的理由啊。也许……但我不相信……是指约翰娜请你不要把普雷沃的画挂在你想挂的地方。那件事她没想到要伤害你……我劝你忘了它，因为那是不值得人们去操心的事……顺便给你寄去五十法郎。相信我吧。你的爱你的弟弟泰奥 1890.7.22"。

这封信客观地反映了导致梵高6月6日当天突然离去的原因：家庭争吵。对思想敏感的梵高来说，这无疑是一种歧视，一次很大的精神刺激。阿诺尔德则明确指出：通过这件事，人们发现了梵高的冲突，看到了他的内心世界，因而也看到了他的死。除艺术之外，梵高得不到一丝人间的温暖，最后，他终于毅然决然地自己结束了那短促而宝贵的生命。

3. 还有的学者指出，经济上的贫困才是驱使梵高走向死亡的根本原因。梵高一生穷困潦倒，在最后的10年里，他只能依靠弟弟泰奥维持生计。清苦的生活使他只能先把一点钱用于绘画，曾经4天之内仅靠喝点咖啡度日，以致体力不支，牙齿断裂，但他信心弥坚。

令人心酸的是，梵高请不起模特，便买了一面镜子，自己充任模特儿。更遗憾的是，梵高生前创作了这么多杰作，却一直无人问津。画家伤心地写道："我们生活在我们所做的事没有成功希望的时代，画卖不掉，即使你所要的只是一个极小的数目，你仍然什么也得不到。这就是我们成为每一样意外事件的牺牲者的原因，我担心在我们活着的时候，这种情况几乎不会改变。"

此话不幸竟被言中。有一件事对梵高的自杀产生了直接的影响，即：画家死前数月，泰奥来信告诉哥哥，比利时女画家安娜买去了梵高的《红色的葡萄园》，因画家默默无闻，所以售价不高。梵高一生创作了近1 700件作品，其中900幅素描，800幅以上的油画，可活着时就卖掉这一幅画。梵高忍受不了这样意外的消息，随即旧病复发。

还有一个有力的证据是：梵高在生命最后几天神志清楚时，曾不断表示，不能一直成为弟弟的负担。当泰奥来看临死时的哥哥时，梵高抱着泰奥说道："别哭，我只是为了大家好。"画家终于感到如释重负了。

4. 在我们探讨梵高的死因时，不能不提及他的恋爱和爱情。梵高在女人身上并没有得到幸福，他一生都在没有回报的爱情和青楼之间痛苦徘徊。爱情上屡遭挫折，使他终生未娶。梵高外表丑陋：大脑袋上满头红色短发，大鼻子，高颧骨，紧蹙的浓眉下一双深陷的绿色小眼睛，紧抿的嘴唇显示出一副凶狠的模样；额头上布满了皱纹，走路时佝偻着背，活像一个小老头。客观上，这么一副模样自然难以讨得女人的欢心。

梵高16岁时在海牙的古比尔美术商行当小职员，因诚实可靠被晋升后派往伦敦分行。在伦敦，梵高对房东太太的女儿厄休拉一见钟情，可姑娘却用冷言冷语和讪笑回答他的追求，使款款深情的梵高初恋破灭，精神非常痛苦。以后梵高又爱上一位较其年长且有孩子的寡妇，可寡妇之父坚决不准其女与他接近。后来，梵高邂逅一个怀孕后遭遗弃的妓女，而泰奥给他写信说："如果娶此妓女为妻，我将不再与你亲近。"梵高心灵深处被打上深深的受辱烙印。

梵高迁居奥维尔后，结识加歇大夫之女玛格丽特，并爱上了她。至于俩人是否相互倾慕，众说纷纭，莫衷一是。梵高的求爱同样遭到了加歇医生的强烈反对。据玛格丽特的女友利伯杰太太说，玛格丽特是很爱画家的。

1927年，德国著名画家戈奇曾寻访过医生的儿子小加歇，并于1954年在一种文化年鉴里发表了他们的对话。小加歇说的"内幕"与利伯杰太太所述大相径庭："梵高就是因为失恋才开枪自杀的。姐姐曾公开承认，害怕这个只有一只耳朵的画家。梵高第二次为姐姐画像时，他向她求过爱，这件事引起我父亲与梵高的争辩，结果俩人反目。"因此，一连串的爱情挫折，终使画家深感抑郁、消沉而不能自拔。

5. 美国堪萨斯大学教授、澳大利亚籍生物化学家兼艺术鉴赏家维·尼·阿尔诺德认为，梵高嗜饮艾酒成癖是导致他自杀的原因。他在一份颇具权威性的刊物《美利坚科学》上披露了这个观点。20世纪末叶，饮用艾酒在法国曾是一种时尚。当时，常有表演艺术家、画家和商人等聚在咖啡馆或俱乐部里喝这种酒。梵高最初开始接触这种使他致命的饮料是在1886年。当时他和泰奥住在巴黎，便经常去艺术家咖啡厅做客。这种有害的时尚在他死后10年的1900年左右才被法国当局禁止，由一种无害的佩尔诺利口酒取代。

由于梵高经常饮用艾酒，便大量吸收了该酒中一种叫岩柏酮的有害物质。岩柏酮是金钟柏树中含有的物质成分，一种和松节油很类似的东西。动物实验表明，少量的岩柏酮即可损害动物的神经系统，人若服用，便可能失去知觉和引起癫痫。

此外，梵高还是个吸烟很厉害的人，尼古丁和岩柏酮混合对人体的损害更大。在他生命的最后18个月里，他患有胃痛、便秘，出现精神恍惚、幻觉等症，这些都是饮用艾酒的人常见的病态。

6. 美国著名的眼科医生托马斯·李却另持他说，认为梵高的自杀是由于洋地黄中毒所致。原来，梵高患有癫痫症，他的法国医生加歇为了医治此症而经常让他服用洋地黄和顶针草。但过多地服用这些药物却又造成洋地黄中毒，使梵高的神经遭到严重损伤，并因此而导致疯狂症。在他生命的晚期，疯狂症经常发作。据医学家们说，洋地黄中毒不仅使人产生各种幻觉,而且还引起视觉模糊、错辨颜色等现象。患者会经常看到自己眼前有光花和光环闪现,尤以黄色光环最多。

托马斯·李认为梵高的洋地黄中毒,可以从他的作品中得到印证。在他的《晚间的咖啡馆》和《吃土豆的人》两幅名作中,人们就能找到这样的光环现象。在他的油画作品里,还不难发现:黄色用得特别多。在梵高的一幅著名肖像画《加歇医生像》中,摆在加歇面前的那一束花正是顶针草,这是梵高当年嗜饮洋地黄的又一例证。

7. 荷兰曾推出了一部介绍梵高的电视系列片《在别人的眼里》,对艾酒中毒之说提出了挑战。该片撰稿人伯坎普和梵高问题专家胡尔斯克称,画家当年虽和许多人一样嗜饮艾酒,但并未达到无法摆脱的严重程度。他的精神崩溃自杀皆因他染上了梅毒症所致。

伯坎普说,安特卫普的一位医生当年曾在一份诊断书中确认梵高患有梅毒症,甚至提到他和泰奥一起在相当一段时间里不得再接触女人。荷兰、比利时的 NOS、BRT 电视台均支持这个观点。然而,梵高家族的后裔们却对此表示强烈的不满和反对,抗议这种对画家的恶意诋毁。

8. 美国科罗位多州的一位医生迈尔博士则揣测说梵高患有青光眼,由于害怕自己将失去对于一个画家来说极为重要的视觉感官而产生精神抑郁症,最后导致其自杀。

9. 更有甚者,德国《明镜》周刊甚至援引一位心理学家的观点,说梵高的自杀系因他患有"恋母情结"。尽管世人冷落梵高,但他却受到母亲的格外关怀。当梵高生着病,挨着饿,神经极度衰弱时,他母亲寄来了烟草、乳酪饼等食品。他突然省悟,应该回到母亲身边,让身体和精神恢复。而当这种愿望不能实现时,梵高便绝望而死。

10. 当年曾给梵高看病的加歇医生告诉过画家:健康受损的原因是太阳晒得太多,松节油中毒的缘故。当梵高割下耳朵躺在阿尔医院的病床上时,大夫也曾告诉前来探望的泰奥说,这是一种日射病,是长期不戴帽子在阳光下工作的结果,此病可使病人做出一些意外之举。

11. 有的学者认为梵高的自杀根源是和高更关系的破裂。梵高悲剧性短促的一生总是和高更奇特地纠缠在一起。高更傲骨铮铮，骄狂蔑众，很难与人相处。从一开始他就不断嘲讽、揶揄梵高的绘画，并经常取笑他的情场失意，同时又妒忌梵高的艺术，两人常常争吵不休。但生性淳朴憨厚的梵高总对朋友容忍，主动要求和解。有一次，高更还买通妓女当众侮辱和奚落梵高，羞辱交加的梵高怒不可遏，与高更大闹一场，愤然离去。1888年12月底，两人又在法国的阿尔勒发生争吵，梵高暴怒地操起剃刀割下一只耳朵（到底是整个外耳还是耳垂，说法不一）。后来，梵高又在圣雷米喝松节油，自尽未遂，最后即开枪而死。

12. 梵高因加歇医生反对他与其女相爱而导致与医生反目为仇。自杀前两天，加歇医生由于没听从梵高的意见将女裸体画装上画框，又引起梵高的强烈不满，以至于梵高开枪伤重回家，加歇探望他时，两人竟没有说上一句话。因此，有的专家就认为加歇的举动直接导致了画家的自杀。加歇后来也承认画家的死是一种解脱。

13. 我国学者温波等人则认为导致梵高自戕的最根本的缘由在于社会原因。梵高出身于穷苦的牧人家庭，一生颠沛流离，饱尝世道的艰辛。他虽然自幼酷爱绘画艺术，并颇富天分，一生创作了大量作品，但他的作品和成就不被世人所理解和接受，以至于连自己的生活也只能靠弟弟的帮助来维持。冷酷无情的现实使这个异常多情而敏感的人内心时时充满了矛盾、愤怒和压抑。是那个不公正、不文明的社会强加给梵高的悲剧性命运，是那种可使人破产、犯罪和发疯的环境导致了画家令人痛心的结局。

可见，探讨和研究梵高的死因现已成了一个国际性问题，参加人数和看法之多，在名人死因研究中极为少见。关于梵高之死，由于流传着许多无法考稽的轶事，加上研究者往往改其一点，不及其余，故使问题愈加复杂化了。总之，梵高之死是他一生各种矛盾无法解脱的必然结果，诚如他死前所说，"悲哀永在我心头"。

安徒生身世之谜

在一个万籁俱寂的月夜,海面浮出一位美丽的人鱼公主,她慢慢地游向海岸。她向往人的世界,爱上了人世间一位英俊的王子,毅然抛弃在海底能活300年的生活,服下了海巫婆剧烈的药物。她感到就像有一把利刃劈开了她纤细的身体,当即昏厥过去。待她苏醒时,在金灿灿阳光的映照下,她的鱼尾已变成了双腿。她发现自己的意中人——那年青美貌的王子正站在她的面前。这个动人的童话使我们想起丹麦首都哥本哈根那座海的女儿的雕像,也使我们记起《海的女儿》的创造者——安徒生。

权威的传记作家们都确切无疑地告诉我们,这位举世无双的童话作家是1805年4月2日出生在丹麦富恩岛上欧登塞城中一间低矮破旧的平房里。他的父亲是一位迫于生计而整日忙碌的鞋匠,他的母亲是一位迷信的洗衣妇。

由于童年贫穷的生活,安徒生梦想成为一位演员,因为那些平凡的人,一到戏台上就变成了威严的国王、娇艳的王后、英俊的王子和美丽的公主。献身表演艺术的愿望受到挫折后,安徒生强忍着巨大的悲痛开始了向文学高峰的跋涉。他写出了《维森堡大盗》《阿英索尔》等剧本,《阿马格岛漫游记》等浪漫主义幻想游记和《卡尔里克·克里斯蒂安二世》等历史小说。

1835年,他出版了第一本童话集,他深深理解穷苦孩子的生活,他在为穷苦孩子创造的美好、幸福和快乐的童话世界中找到了归宿。以后每年圣诞节他都出版一本童话,作为送给孩子们的礼物。这些礼物中有列入世界不朽名著的《丑小鸭》《卖火柴的小女孩》《皇帝的新装》《夜

第一篇　世界文化名人

莺》等。他整整写了近40年，共发表了160多篇作品，因此，安徒生成了丹麦人民心目中永久的骄傲。

然而，权威传记作家们所提供的论证并未使丹麦人信服，据称1990年数百位丹麦人在安徒生的故乡欧登塞大学举行听证会，探讨这位童话大师的身世。一位各叫延斯·约根森的历史学家写了《安徒生——一个真正的童话》一书，声称安徒生出身王族，是丹麦国王

图1-2　安徒生

克里斯蒂安八世和劳尔维格伯爵夫人的私生子。孩子出生后，王室把他"藏匿"在欧登塞的一位鞋匠（也就是安徒生养父）的家中。该书推论的根据之一是：安徒生尽管出身低微，后来却打入了王族的圈子，出入于皇家剧院，还曾在皇家的宫殿阿马林堡宫住过一段时间。

约根森认为，一个鞋匠的儿子当时能够不进贫民院是难以想象的，只有受到王室的秘密资助才有可能。丹麦作家皮特·赫固也支持约根森的结论，他还提出了另一份资料加以旁证，一位海军上将的女儿亨丽艾特·吴尔芙1848年曾给安徒生写信，信中提到过安徒生也发现自己是一位"王子"。

然而，令欧登塞大学听证会上的许多人不解的是，为什么安徒生在自传《我一生的童话》中只字不提，哪怕多少加点暗示呢。有的学者拿出了180多年前教堂户口登记册的复印件，那上面记载着安徒生

1805年4月16日受洗礼的情况。登记册上清清楚楚地写着："4月2日星期二凌晨一时，鞋匠汉斯·安徒生与其妻安娜·安德斯达特得一贵子。"

为了搞清这位世界著名大作家的出生之谜，丹麦著名历史学家塔格·卡尔斯泰德曾被允许查阅大量的克里斯蒂安八世的档案，其中包括这位国王的信件和日记。卡尔斯泰德称，档案表明，国王和贵族与一般平民妇女偷情的问题是存在的，而且十之八九会生下孩子。

根据档案，这种情况发生后国王会给有关妇女写信，并寄钱给她们，直至孩子长大成人。国王还为这样的孩子之———挪威的福雷德里克·里德安排工作，让他掌管王室的狩猎活动。但在全部档案中，既没找到有关安徒生的材料，也没找到有关他的母亲安德斯达特的材料。

因此，直到现在，安徒生的身世至今仍是一个谜。

英国报业大王死因之谜

1991年11月5日，有人在大西洋的海面上发现一具赤裸的男尸。经警方侦查和家属辨认，死者竟是赫赫有名的英国报业大王麦克斯韦尔！

消息传出，世界各国报界，尤其是西方国家报界无不为之感到震惊。此后，西方报界对此消息做跟踪报道，种种推测层出不穷。

在最初的震惊之后，西方报界普遍认为麦克斯韦尔系自杀身亡，并认为这是他必然的归宿，也是最好的归宿。西方了解麦克斯韦尔报业集团财政状况的人对这一结论深信无疑。

麦克斯韦尔出生在一个一贫如洗的犹太农民家庭。1940年，17岁的麦克斯韦尔加入了英军。战后开始了出版生涯，1949年创办了他的第一份报纸。1961年，麦克斯韦尔已拥有价值6 000万英镑的资产。

1981年以后,麦克斯韦尔的事业开始进入鼎盛时期。他收买了英国印刷公司、控制了英国第二大报《每日镜报》,兼并了麦克米伦出版公司,建立起一个横跨欧、非、美三大洲的出版帝国。麦克斯韦尔帝国主要由麦克斯韦尔私人集团、镜报集团和通讯公司组成。它在全球建立了400多家公司、出版社及其他各类企业,年收入约达25.58亿美元。但是,麦克斯韦尔帝国究竟拥有多少资产,却是个长期无人知晓的谜。

图1-3 麦克斯韦尔

麦克斯韦尔帝国是在疯狂而无休止的兼并买卖之中崛起的,大规模的兼并需要巨额资金的投入。单单为了收买麦克米伦出版公司,麦克斯韦尔帝国就花费了26亿美元。而收买航空指南公司,花费了7.5亿美元。

雄心勃勃的麦克斯韦尔对这样的兼并似乎永远没有满足之时,他用负债经营的办法来筹措巨额的资金,结果是拆东墙补西墙,终于让债务的绞索紧紧地套住了脖子。

为了维持麦克斯韦尔帝国的正常运转以及弥补他私人公司的亏损,麦克斯韦尔未经董事会许可,私自挪用了镜报集团和通讯公司总数达12亿美元的职工养老金,这是他属下的职工们一生的积蓄。

1992年10月,有一笔7.5亿美元的债务到期。为了设法归还这笔债务,麦克斯韦尔耍弄了欺诈手段,被迫出售了部分固定资产。可是,1994年10月,还有一笔13亿美元的债务到期,机关算尽的麦克斯韦尔已经力不从心了。面对着巨额的债务和行将暴露的挪用养老金丑闻，麦克斯韦尔只有一死了之。

1991年11月2日和3日，他在马德拉岛花天酒地，挥金如土，度过了他一生中最后时光，然后跳海身亡。

英国《每日快讯报》说，麦克斯韦尔在马德拉岛期间显得意气沮丧，喜怒无常，但是人们没有想到这位大亨会从一个世界跳到另一个世界。

西班牙当局尸检报告说，麦克斯韦尔系死于心脏病和肺功能衰竭，没有迹象表明死于暴力。他很可能是在心脏病发作时失足落水的。麦克斯韦尔的家属则证实，他生前患有绝症，每天依靠药片维持生命。

尽管有人对西班牙当局的尸检报告提出异议，但因没有确切证据，英国与西班牙官方认为麦氏是"自然死亡"，排除了他杀的可能。

不过，1992年1月9日，法国《巴黎竞赛画报》却发表了惊人之语，称麦氏系"他杀身亡"而非"自然死亡"。该报公布了一批尸检照片及法医对照片所作的分析。从照片看，死者身上有12处伤痕，头颅内还有内出血，法医说，从甲板上掉入海中是不会造成这些伤痕的。

这一惊人消息在英国引起了新的争议。英国《卫报》发表质疑，认为麦氏尸体"没有显示曾在海水中长时间浸泡所通常具有的迹象"，尸检对麦氏左耳下一可疑的针孔未作解释，同时，未以牙齿和指纹对尸体的身份进行确认。

事实上，自从西班牙当局公布了尸检报告以后，就不断有人对尸检表示疑问，结果导致了第二次尸体解剖，并进行录像。《巴黎竞赛画报》公布的即是第二次尸检时拍摄的画面。如果是他杀，他杀的动机是什么呢？麦克斯韦尔生前与以色列关系密切，并参与过以色列的机密事务。人们猜测，可能是以色列的敌人干掉了他，但也可能是以色列"为防泄密"而"忍痛割爱"。

麦氏生前曾参与向伊朗提供大宗军火的交易，因此，有人想叫他永远闭上嘴。麦氏生前曾大肆裁减《每日新闻》的雇员，因而引起雇员们的愤恨，他可能死于被雇佣的纽约黑手党之手。

1992年3月，英国《星期日快报》披露，麦氏是苏联克格勃的一名高级间谍，此消息来自克格勃档案馆的一位高层人士。该馆的机密文件证实，麦氏生前与苏联领导层有过多宗秘密交易。但是，苏联克格勃又称麦氏是英国军情六处的一名高级特工。由于麦克斯韦尔身份复杂，如系他杀，则究竟死于谁手，尚有待时日证实。

后来，英国《太阳报》刊出一则耸人听闻的消息，声称麦克斯韦尔没有死，他还活着，"很可能隐身在南美洲的某个地方，而躺在耶路撒冷公墓里的可能是哪个替死鬼"。如果这不是什么无稽之谈的话，那么情况就更加复杂了。

牛顿为何晚年精神失常

世界著名的近代科学的力学奠基人，并在数学、光学、天文学诸领域做出过卓越贡献的英国科学家牛顿（1642年～1727年），在50～51岁时，曾一度突患精神失常疾病，直到两年后才逐渐恢复正常。

为什么牛顿会突然患精神失常疾病呢？发病的原因究竟是什么？

当时科学家对此病发生的原因进行了探索，但无法做出科学的、令人信服的解释。在他死后至今的250多年间，众多的科学家对这个问题进行了长期的探讨和研究，至今仍然找不到一个准确的答案，众说纷纭，莫衷一是。

有人认为是由于劳累、用脑过度引致；

有人则认为是在外界强刺激下，引起心理异常反应；

图1-4 牛顿

也有人认为是由于汞中毒；

但也有人反对这种中毒说，觉得病因非为生理的，而是心理的。

1687年7月，《自然哲学的数学原理》这部划时代的作品终于问世了，该书以牛顿三大运动定律和万有引力定律为基础，建立了完美的力学理论体系。在进行这项伟大的研究工作时，牛顿专心研究，夜以继日，"很少在夜间两三点钟以前睡觉，有时一直要工作到清晨五六点钟……特别是春天或落叶时节，他常常6个星期不离开实验室，不分昼夜，炉火总是不熄……"。这本书问世后，他接着研究光学。1704年，他的《光学》一书问世，同时他又从机械力学体系提出经典宇宙学说。

革命导师恩格斯在《英国状况》一文中指出："牛顿由于发现了万有引力定律而创立了科学的天文学，由于进行了光学的分解而创立了科学的光学，由于创立了二项式定理和无限理论而创立了科学的数学，由于认识了力的本质而创立了科学力学。"

但由于这样连续不断极度紧张地工作，长期用脑过度，而使得他未老先衰——不到30岁，他的须眉毛发就全部白了。头发的这种异常变化为某种疾病的先兆，诸如植物神经紊乱等一些慢性病就是常以头发变白为先兆的。

因此，有些学者据此推测，牛顿之所以会在50岁至51岁时突患精神失常疾病，并非偶然，而是他长期极端紧张工作、长期用脑过度而造成植物神经紊乱的结果。

但是，也有许多学者不赞成这种猜测，他们认为，牛顿之所以精神失常，主要原因是由于长期形成的生理机能障碍在外在因素的刺激下引起心理异常。

1677 年，他的恩师巴罗和皇家学会干事巴格相继去世，这给他带来了巨大的悲伤，曾使证明万有引力定律的研究工作一度中止。

1689 年，他母亲的逝世使他陷入悲伤痛苦的深渊，再加上一场无情的大火将他多年心血凝成的重要论文原稿烧毁，而对他精神产生了沉重打击。这一系列的打击终于导致了牛顿的精神失常。

有两位研究牛顿生平的学者曾获牛顿遗留下来的四绺头发，在使用现代化的中子活化、中子衍射等先进手段对牛顿的四绺头发进行综合分析后，他们发现牛顿头发中含有高浓度的有毒微量金属元素，其含量高出正常人许多倍，尤其是汞的浓度达到了可怕的程度，汞在他体内的积蓄量比允许值超出了 20 倍。

许多学者由此断定：由于牛顿长期进行物理、化学实验，经常暴露在一些有毒金属的蒸汽中，尤其是长期接触汞而终致汞中毒，所以他的精神失常正是由于汞等金属中毒引起的。

以美国科学家狄士本为代表的一部分学者却对上述推测持怀疑甚至否定的态度。他们认为这种推测是不可靠的、不可信的。这是由于：首先，今天人们已根本无法证明这四绺头发是牛顿精神失常时期还是其他时期的头发，而不同时期的头发，所含微量金属元素的种类和数量是各不相同的。纵观他的一生，除 1692~1693 年患过精神失常病外，其他任何时期皆未出现过此病，而正是由于无法断定这四绺头发是他 1692 至 1693 年时期的，那么人们也就无法据此来推测他精神失常的原因；其次，头发中所含微量元素会受不同环境因素的影响而发生变化，而牛顿这四绺头发分别保存在不同的地区，不同的环境中，经历了 250 年之久，在漫长的年代里，遭受到了不同外来环境因素的干扰与影响，也可能吸收了外界中其他有毒物质而发生变化，即使这四绺头发是他精神失常时期的头发，但今天也已失其本来面目了。因此，它们也无法准确地反映出当时牛顿身体健康状况的真实情况；最后，据学者们调查表明，一个人如果每年接触汞达 2 000 多小时的话，就可能会出现汞中毒的症状、诸如手指颤抖，牙齿脱落、四肢无力等症状。

但据一些学者们的统计，牛顿每年接触汞的时间不会超过 100 个小时，尚构不成汞中毒的这一时间条件，而且也未在他身上发现汞中毒的症状，即使在他发病期间，也未出现牙齿脱落、手指颤抖等说明汞中毒的任何迹象。

根据这些方面的考察与分析，他们认为，牛顿的精神失常的病因是心理方面的而不是生理方面的，他的病症是现今所谓的临床抑郁症，而不是由于汞等重金属中毒所引发的。在1978年第二次人发学术国际讨论会上，有些学者坚持认为利用现代的科技手段来对牛顿头发中所含微量元素进行定量的分析，从中找出病因，并在国际上引起广泛的关注，形成了一股国际性的牛顿头发研究热。

但时至今日，专家们各持己见，争论不休。牛顿究竟为什么会一度精神失常，这仍然是一个留待后人去探寻的谜。

裴多菲死因之谜

席卷欧洲的1848年资产阶级革命刚刚爆发，匈牙利民族解放战争的炮火便在多瑙河畔打响。年届25岁的进步诗人裴多菲·山陀尔以极大热情投入革命运动，他一方面以火热的诗篇号召人民为民族解放而战斗，同时毅然拿起武器投身神圣而残酷的战场，并因卓著的军事才能而获得少校军衔及一枚勋章。

匈牙利革命的熊熊烈火极大地撼动了奥地利哈布斯堡王朝的统治，

奥地利帝国摇摇欲坠。号称欧洲宪兵的沙皇俄国便勾结奥地利开始镇压匈牙利革命。1849年5月8日,沙皇尼古拉一世发表武装干涉匈牙利宣言,并派14万军队分两路进入匈牙利。匈牙利革命军在奥俄两面夹攻的困境中展开了最艰苦也是最后阶段的战斗。

图1-5 裴多菲

7月22日,身为军人的裴多菲同结婚不满两年的爱妻森德莱·尤丽亚诀别,来到驻扎在特兰西瓦尼亚的贝姆将军的军队中。此时,贝姆的军队已经陷入俄奥联军的重重包围之中。7月31日凌晨,最后的较量开始了。裴多菲不顾贝姆的命令,离开后备部队冲到战场的最前线。在一块玉米地里,两名俄国哥萨克骑兵发现并追上了裴多菲,他虽然躲过一个哥萨克兵劈下的军刀,但没能避开另一个哥萨克兵投来的长矛,诗人的胸膛被刺穿,应声倒在战场上。

裴多菲为他的祖国献出了年仅26岁的宝贵生命,实践了"生命诚可贵,爱情价更高。若为自由故,二者皆可抛"的铮铮誓言。正因为如此,鲁迅先生在《〈勇敢的约翰〉校后记》里写道:"诗人死在哥萨克兵的矛尖上。"尽管这是中外文学界比较一致的看法,即裴多菲死在瑟克什堡激战,他的尸体同许多匈牙利爱国志士一道被埋葬在有1 000多名英灵的大坟冢里。但这并非唯一的说法,因为埋葬时并没有人明确地知道其中究竟有没有诗人的尸体,于是便引出关于裴多菲之死的其他解释。

在匈牙利革命失败后的30年内,有许多人并不相信瑟克什堡战场上警告过裴多菲要隐蔽并目击哥萨克兵刺杀过程的那位军医的话,而认为裴多菲不曾战死,仍然活着。这种传说还见诸于全国多种报刊和人民代表大会的发言稿,匈牙利人民似乎接受不了诗人战死的悲剧。他们认为裴多菲是被沙俄军队俘虏,并被押到遥远的西伯利亚矿区做苦役。

一位被释放的匈牙利战俘返回祖国后发表演说和文章,说西伯利亚的战俘中有一位彼得罗维奇·山陀尔,并多次和他谈过话。他认为这个山陀尔就是裴多菲。波兰革命家维尼耶夫斯基和马利诺夫斯基在西伯利亚服役期间,也都曾见过彼得罗维奇·山陀尔。

更为奇巧的是,西伯利亚东部的布里亚特自治共和国境内的巴尔古金村民中,长期流传着一个名为彼得罗维奇的政治流放犯的故事,乡民们传颂着他的事迹,能描绘出他生前的音容笑貌,并完好地保护着葬有这位神秘囚徒遗骸的坟墓。这一情况辗转传到了研究裴多菲的机构那里,一个由苏联、美国、匈牙利等的国的专家组成的科学考察委员会便前往巴尔古金进行了调查,并鉴定了墓中遗骸。

苏联科学院西伯利亚分院巴尔古金研究中心将1989年9月21日举行的第二次国际鉴定会议纪要整理成科学报告,报道了许多与裴多菲十分相像的情况。人类学家的鉴定结果表明:墓主身材矮小,瘦弱,前额宽阔,年龄约32岁,左腿微瘸,缺三个手指,左手比右手动作灵活,左上第三颗牙歪斜且向前突出。而裴多菲的传记亦有传主身体瘦小,弯腰很困难,跛脚,因伤缺三指,左撇子等记载。

现代诗人约凯亦在回忆裴多菲时说:"他笑的时候,就露出上面那颗锋利的小虎牙。"这些难道都仅仅是巧合吗?研究报告还指出:裴多菲在战斗结束后被农民救出,隐藏了一段时间后才遭逮捕,被捕后裴多菲化名为彼得罗维奇,战俘营中其他被俘的战友深爱这位坚强的诗人,并没有供出他的真名,于是裴多菲以彼得罗维奇之名被流放到了西伯利亚。

巴尔古金的村民还传说,彼得罗维奇与美丽少女阿努什卡·库兹涅佐娃结为伉俪并喜得爱子;这位神秘人物心灵手巧,擅长钳工、木工,还会配制草药为村民治病；每逢周六他还给村民演节目，而且擅长写诗作画，喜欢徒步旅行。而这些又与裴多菲的生平极为相似。

传记作家耶舒写道：裴多菲青少年时代常到铁匠作坊去，会用斧子；他曾是巡回剧团演员；由于身体欠佳而常常自己配药治疗；他精于绘画和舞台设计，酷爱散步。此外，裴多菲患有慢性肺病，而考察队亦认为彼得罗维奇死于肺结核。这些又都是偶然的巧合吗？

然而，匈牙利仍有相当一些人对考察报告持怀疑态度，认为上述种种说法仍带有假设和推测性质，还不足信。另外，19世纪50年代还有人传说，裴多菲既没有战死，也不曾被沙俄军队俘虏，而是患了疯病，成为流落在多瑙河两岸的乞丐，曾有人在乡下的酒馆里见过他。

怎样认识勃拉姆斯

关于19世纪德国著名作曲家勃拉姆斯创作风格的争议，不外乎三个方面。

最流行的观点是，他属于维也纳古典乐派，是德奥古典乐派大师中的最后一人，甚至被理论家们定为所谓"新古典乐派"的代表，这实际上是给这种观点以改头换面的新名词。第二种观点认为他是一位在创作上极其矛盾的人物，既属于古典乐派，又属于浪漫乐派。第三种观点认为他实质上是浪漫乐派的代表。

为了比较这三派的认识，我们有必要熟悉一下他的生平和创作。约翰内斯·勃拉姆斯（1833—1897）出生于汉堡，少时天赋极高，10岁左右被许多有眼光的音乐家视为一个大有前途的人物，舒曼认为他"一生下来便全副武装了"。勃拉姆斯的祖父本是一个与音乐无缘的人，到了他父亲这一代，才开始了音乐生涯。父亲由乡下移居汉堡后，从一个街头歌舞者升至市立管乐队双簧管演奏员,并娶了一个比他大17岁、"令人尊敬但很贫穷的资产阶级的女儿",约翰内斯·勃拉姆斯是他们的第二个儿子,他和下面的弟弟都成了音乐家。从此随着地声望的提高,音乐世家的基础逐步奠定,他的家乡已容纳不了他的才华。

在著名小提琴家约奇姆的推荐下,勃拉姆斯开始结交乐坛大师,他首先得到了舒曼夫妇的赏识。勃拉姆斯的生活极富传奇色彩,像亨德尔、贝多芬以及舒伯特一样,他终生未婚,过着逃避社会、"自由然而孤独的生活"。但勃拉姆斯与这几位音乐家相比,生活上显得更洒脱些,也似乎更有信念,他的座右铭是:自由——但要快乐!

图1-6 勃拉姆斯

然而,他生活得却并不快乐,年轻时的勃拉姆斯是位相当英俊的少年,但步入中年后由于生活信念已定,他视结婚如创作歌剧一样不易,这与他太轻视自己、对婚姻有多余的恐惧有关,于是到了晚年他自然感到了独身的寂寞。

另外,勃拉姆斯生活随便,性格耿直;他憎恨法国人,鄙视英国人,讨厌魏玛那种虚荣的时尚,这种性格与他中年以后常穿着脏衣服、不修边幅、从不照镜子等情况正好相符。传记家们说他的男仇人总是嘲笑他愚蠢,女人们则说他粗俗和孤傲。勃拉姆斯不是一个好指挥,19世纪60年代后他的仇人越来越多,"全是他自己的多疑、乖戾、自傲造成的"。他与李斯特及其追随者交恶,与瓦格纳也不投机,和约奇姆也发生了争执,甚至还曾与舒曼夫人产生过裂痕。勃拉姆斯与布鲁克纳、沃尔夫和黎希脱等大师都吵过架，尼采离开勃拉姆斯，像他离开瓦格纳一样，都是必然的事。

传记家们把他的这一切解释为缺乏早年教育。看来一个大艺术家的全面素养要与他的艺术才华达到同样高的境界，实在是件不容易的事。然而这一切对勃拉姆斯的艺术事业发展并无损害。他的音乐天赋极高，为当时人所叹服。他最尊敬的音乐家舒曼"发现了勃拉姆斯，便满意地死了"；门德尔松死后，有人便说，"一个大师死去，却有另一个大师勃拉姆斯诞生了"。

勃拉姆斯乐感敏锐，他能分辨出男人和女人弹琴的不同。他自己的钢琴演奏和创作都是令人瞩目的，其一生主要作品如钢琴独奏曲、协奏曲都严谨古朴，世人无可比拟；他的管弦乐和交响曲是杰出的，因为他特别尊崇贝多芬，对创作交响曲十分谨慎，所以不轻易创作，如同贝多芬不轻易写歌剧一样。勃拉姆斯到了40岁才完成第一交响曲，而莫扎特8岁便创作了交响曲，但勃拉姆斯的四部交响曲被后世推崇者评价极高，认为其质量可与贝多芬的交响曲相比。

另外，他注重民间音乐，这是他创作内容的第二个特点。他的歌曲民歌风味浓郁，如著名的《摇篮曲》被认为是某个古老民歌的一种回声——"这个说话生硬的老头子是全世界最热爱摇篮曲的音乐家"，看来他很爱儿童。勃拉姆斯成名很晚，像300年前的帕勒斯特里纳一样，都是在他们的晚年才名扬欧洲的。1886年，他53岁发表第四交响曲时，事业达到顶峰。他晚年"发现自己被认为是在世的大师们中的最伟大的一个"。

关于勃拉姆斯创作风格和特点，他更多地被视为属于古典乐派的作曲家，"古典乐派大师中最后一人"是他特有的注册商标。持这一观点的人认为，他与三B中的其他两位——巴赫（Bach）和贝多芬（Beethoven）一样，只写绝对音乐而不写标题音乐。假如巴赫和贝多芬是由当时历史条件决定的，那么勃拉姆斯则是有意识地不写标题音乐。

勃拉姆斯是一个传统主义者，着眼并钟情于古典主义，他自感有着深刻的历史责任感，视己为"伟大传统的保护者"。他自始至终都觉得李斯特是他的一个敌人，对其一切音乐活动感到创作方向大相径庭，如他的第四交响曲更恢复到巴洛克时代的风格，他采用的是古老的帕萨卡里亚形式，理论家们说他是"新古典乐派"的代表。

第二种有代表性的观点认为，勃拉姆斯是位创作矛盾的作曲家。"他的音乐似古典主义又似浪漫主义，似纯粹音乐又似标题音乐"，具体而言，其器乐曲是古典主义的，而声乐则是彻头彻尾的浪漫主义。他不赞同汉斯立克"为艺术而艺术"的见解，也不走新浪漫主义乐派即标题音乐派的创作道路，而是回到早期浪漫乐派和维也纳古典乐派中去，这很容易导致他两者皆融的风格，如他的史诗性的第一交响曲以接近贝多芬式的终曲结束，风俗舞蹈性的第二交响曲也接近贝多芬的第四交响曲。这里从其旋律法及和声手法来看，他已是属于浪漫主义乐派了，然而他又推崇古典乐派的形式，其音乐结构是纯粹古典式的，但内容和色彩又避免不了浪漫主义的特点。所以，"作为一个后来者，他的音乐带有过去的优雅风韵，也带有一种无可奈何花落去的心情"。

第三派观点认为他是漫浪乐派的代表，但持此观点者不多。他们认为，勃拉姆斯实际上是19世纪浪漫主义乐派最重要的代表，他只是采用了古典主义的形式而已。在此形式之下，他给予浪漫派音乐全新的温馨的气息与情感。尽管他追求传统，但时代证明他那些动人心魄的匈牙利舞曲显示了浪漫主义特征；他的交响曲及其他管弦乐的思想内容更是充满了新时代的特色；更主要的是，他的声乐曲是彻头彻尾的浪漫主义风格，他继承了舒伯特和舒曼的传统，进而把它传给雨果·沃尔夫。从本质上而言，他应属于浪漫乐派大师之列。

这些不同的观点，各有其道理和根据，但至今没有一个完全肯定的结论，因此音乐界的争论也就始终没有休止。

贝多芬耳聋和死亡之谜

  人类有史以来最伟大的音乐家去世了,他那饱受折磨的一生终于能划上休止符号了。1827年3月26日下午5时30分,一代音乐大师贝多芬最终被病魔交响曲所淹没,在维也纳"黑西班牙人"公寓与世长辞。

  在两万多人的送殡行列中,一位悲伤无比的演员站在威陵公墓的台阶上,声泪俱下地朗诵着诗人葛里帕查撰写的感人肺腑的悼词:"一位音乐最后大诗圣,高贵的音乐艺术之媒人、前辈大师不朽的光荣的继承人,亨德尔、巴赫、海顿、莫扎特的伟大艺术的扩大者,如今已结束了他那历尽沧桑的一生。我们泪下沾襟,如断了琴弦,伫立在那行将消失的他的歌声前面……"

  贝多芬一生与病痛为伴,特别是在他32岁时,耳聋加剧,这对当时正步入创作成熟期的贝多芬来说,打击特别沉重。他的性格开始变得更加暴躁、孤僻,并绝望而企图自杀。那么,导致贝多芬耳聋的病因是什么呢?世界上有关音乐大师耳聋的病因文献极多,但都缺乏权威的说服力。

  当时维也纳病理博物院乔安华格纳医师,被请来主持对贝多芬的尸体进行病理解剖工作,可惜的是乔的解剖报告只提供了死者死后的耳疾情况。于是,有人便从他早年的疾病中去寻找线索。在1797年夏天,贝多芬曾经患了严重的下痢,时好时坏,前后拖了6年之久。现在推测起来,可能是得了肠伤寒。伤寒是属于热病的一种,有可能造成年轻时发作的重听。

  在许多贝多芬的传记中,都描写其脸上有许多凹凸不平的小疤痕,或许他在孩童时代曾得过天花。这些都有可能造成耳聋。有人指出,贝多芬在听力衰退的22年里，曾使用了各种工具来帮助提高听力，有时还使用一支木质鼓槌，一端咬在上下牙缝之间，另一端则附在钢琴上，这样声音的振动可沿着鼓槌而到牙齿再经头骨传入耳内，可见贝多芬耳部负责传导声音功能的一些器官也有病变。

为确定贝多芬的耳聋病因，求得病理学上的印证，人们曾于1863年和1888年两度开棺检验贝多芬的头颅骨，一共获得9块头骨片，但偏偏找不到

图1-7 贝多芬

他的颞骨，这就无法使人研讨出音乐家耳聋的真正病因了。颞骨何在？这又是个未解之谜。耳科学家波立兹是现代对颞骨研究的权威人物，曾研究耳聋病理多年，同样没有得到结果。

英国尤维尔区医院风湿科顾问医师、业余大提琴手帕尔福曼在清理和研究了贝多芬私人信件、尸体解剖报告10年后，认为："作曲家的胸腔感染、胃病、严重背痛和关节痛最后导致了贝多芬的耳聋。"

他说，这种耳聋的最严重病症可以说是由肺结核引起的。当贝多芬16岁时，结核病夺去了他母亲的生命。贝多芬20多岁时开始逐渐失去听力，后来的20多年里他完全丧失了听力，忍受着腹泻、水肿、痢疾和痛风等病痛。

关于贝多芬死亡的原因，人们普遍认为：这位作曲家的死是由酗酒而引起肝病所致，他是在55岁的时候发现得了置他于死地的严重肝病。但帕尔福曼对这种看法提出了异议。他根据自己新的研究成果提出：折

磨了这位作曲家20多年的许多病痛是由一种少见的风湿病引起的,这种风湿病慢慢侵袭身体,使身体的每个器官发炎。贝多芬的病痛如此之剧烈以至于他禁不住要自杀。最后,贝多芬被这种风湿病折磨致死。他同时指出,一种简单的现代药物本来可以治好使贝多芬耳聋的疾病,如果用现代的类固醇给他治疗和给他做肝脏移植手术,可以使贝多芬多活许多年,让他完成"丢失"的第十交响曲。

法国著名作家、贝多芬的同时代人阿尔方斯·卡尔在《在椴树下》一书中,对贝多芬之死的原因和具体情况提供了新的线索,谈了自己的观点。

他记叙道:作曲家死前不久的一天,他的侄子来信说自己在维也纳牵连进一桩麻烦的事件中不能摆脱,只有伯父出面才能帮他脱离困境。贝多芬接信后立即动身,为了省钱,他徒步上路。夜幕降临时,他停在一家简陋的小房子前,请求主人留宿。那晚,他疲惫不堪。主人接待了他,并邀他共进晚餐。之后,一家人弹起了贝多芬的乐曲。作曲家虽不能听见乐声,但看着主人愉快的神情,便走上前去看谱,没想到竟是自己的交响乐章。

贝多芬坐在旧钢琴前,即兴弹了不少曲子。这便是他最后的一次演奏。入夜,贝多芬辗转反侧,难以成寐。他感到浑身发烧,觉得气闷难忍,于是爬起身,赤着双脚到田野里徜徉。贝多芬在外面滞留了很久,夜的寒气砭入肌肤,回来时他已冷得发抖。他们(主人)从维也纳请来一位医生,经医生诊断是肺积水。医生说,即使精心护理,也只能维持一两日,他的生命已危在旦夕。

这时,知道贝多芬病重的德国著名钢琴演奏家和作曲家胡梅尔来看他,但贝多芬已不能和老友交谈,仅用饱含感激的目光凝视着他。胡梅尔弯身俯视着贝多芬,用听音筒对他喊,表示他在这种情况下会见老友的悲伤之情。贝多芬从听音筒依稀听见几句大声的叫喊之后,顿觉畅然,他两眼奕奕闪光,对老朋友说:"胡梅尔,我果真是个天才吗?"说完这句最后的话,他两眼直勾勾地凝望着前方,张大了嘴,猝然断了气。

有的研究专家还试图从贝多芬的家庭关系上来揭开作曲家的死亡之谜。我国学者赵鑫珊在《贝多芬之魂》一书中认为:贝多芬过早地离开人世,在很大程度上是由于忘恩负义的侄儿造成的。

长期的烦扰,大大损害了他的健康,给他的精神带来了莫大的痛苦。比如他的侄子卡尔居然在别人面前管贝多芬叫"老傻瓜",只要人家看到他同贝多芬这个"老傻瓜"在一起,他就觉得丢脸。只要贝多芬对他严加管教,言语过重,这个无赖就会再度用自杀来威胁。但是尽管这样,贝多芬对他慈父般的爱还是有增无减,并且一再迁就他。

1826年12月1日,卡尔不听贝多芬的劝告,硬要去军队服役,贝多芬只好陪他上路。那天贝多芬衣着单薄,在旅途上得了严重风寒,从此一病不起。据当年44岁的医学博士瓦鲁特的报告说,那晚贝多芬落脚在一个乡村客店里过夜,房子年久失修,破旧不堪,既没有炉子取暖,也没有过冬的窗户。

第二天将近中午,他开始发寒热,浑身不住地发抖。12月2日,当他回到维也纳时,完全是个死去活来的老人。可卡尔得到伯父卧床不起的消息,竟无动于衷,依然在咖啡馆里打弹子。严重的肺炎过后,接着便是肝硬化,最后引起水肿。3月23日,贝多芬立下了仅一句话的遗嘱:"无条件地将自己的一切留给我的侄子。"

翌日早晨,人们为他举行了最后一次洗礼仪式。有的学者更明确地说:贝多芬实际上是被侄儿气死或逼死的,没有他,作曲家还可活上好多年。或许,探究贝多芬耳聋和死亡的原因已显得并不那么重要。重要的是,他在病痛的折磨和与声音隔绝的状态下,仍然创作出一首首世界名曲的精神,令人无限敬仰。他的"我要卡住命运的咽喉"这句名言,不知激励了多少后来人!

川端康成自杀之谜

日本逗子玛丽娜公寓是一座 10 层楼的高级公寓，从窗户可以眺望伊豆半岛和相模湾的美丽风景。公寓四楼的 417 号房间，被亚洲第二个诺贝尔文学奖获得者、日本著名作家川端康成当作工作间使用，每个星期，他都会来这里一两次。1972 年 4 月 16 日下午 3 时，川端康成再次来到了公寓。9 时 50 分左右，有人发现从川端康成的房间里传出了煤气味。公寓管理员海老沼贞雄等人推开门，一股浓烈的煤气味迎面扑来。进屋检查后，发现川端康成躺在卫生间的地板上。很快，得到消息的川端康成的主治医生本田正平赶到，尽管作家的脉搏已停止跳动，可本田医师还是做了吸氧处理。希望出现奇迹，但无济于事。

现场验尸法医一色忠雄后来对《女性自身》杂志的记者谈了他到达现场时的情况："川端康成躺在地板上，头朝瓷砖洗面池，右侧在下。他鼻子里插着橡胶氧气管。经检查尸斑、瞳孔、有无皮下出血等情况，很明显是吸入煤气自杀。背部因瘀血而变得鲜红，这是煤气中毒死者特有的症状。据我现

图 1-8　川端康成

场验尸,死了约 4 个小时,就是说,死于下午 6 时左右。死者表情平静,甚至给人以圆满的寿终正寝之感。"

自杀作家在日本层出不穷。仅明治时代以来自杀的著名作家除川端康成外就有三岛由纪夫、芥川龙之介、北村透谷等 12 人之多。由于川端康成是日本第一位获诺贝尔奖的作家,其作品在日本有着广泛的影响。因此,他的自杀给人们带来了巨大的震动和惊异。人们纷纷猜测:川端康成到底出于什么动机才会自杀的呢?关于他自杀的原因和动机,人们主要有以下几种说法。

1. 死于摆脱病魔缠身说。川端康成自杀的第二天,《朝日新闻》刊登了一篇报道说:"他死后已经过去一夜,但他的亲朋好友们似乎仍然满腹狐疑,认为原因在于病魔缠身的人猜想说或许是得了癌症。"川端在自杀前不久的 3 月 7 日到 15 日,医院规定一律禁止探望。因此,有人以为川端怀疑自己得了癌症,即以自杀进行摆脱。但为川端做手术的道体祐二郎却认为这"完全是无稽之谈",而且从其他最近接触过川端的人口中也未能得到川端患有某种疾病的证词。川端的主治医生本田正平也在《朝日新闻》上撰文认为:"我为川端先生看病已有二三十年。他除胆石症外,没得过十分值得一提的病。只是上月中旬患急性盲肠炎,手术后恢复很快,精神很好,完全无从判断他为什么自杀。"

2. 死于安眠药中毒说。经常为川端理发的理发师猪獭清史提供了川端死前一周即 4 月 10 日的一个细节:"那天去为川端先生理发。当时他躺在床上,不断地挪动身体,拂掉头发等,显得焦躁不安。我说,'你太累了吧'。他说,'我已经四宿没睡觉了'。"这样一来,安眠药的问题就不能不引起人们的注意。

川端开始服用安眠药是在第一高等学校学习的时候。他年轻时就睡眠较轻,神经敏感,不得不服用安眠药。结婚以后,这个习惯也没有改变。川端在《安眠药》这篇随笔中写道:"昭和二十九年(1954 年)在报上发表连载小说《东京人》,前后共 500 多天时间。从那时起,染上了连日服用安眠药的恶习。"那么，服用安眠药会出现哪些可怕的症状呢？

川端的夫人秀子后来在回忆录中写道："因为过多服用安眠药，到了白天，还有药效，曾有几次迷迷糊糊地撞在柱子上。他一生也没有能够离开安眠药。"

川端自己在《安眠药》一文中也描述了这种情形："因服用安眠药，起夜时经常神志不清，闹出一些笑话。有一次是在自己家中，醒来时，睡在浴盆旁边。还有一次从厕所回屋时走错了路，摔倒在门外的脱鞋石下面，扭伤了脚脖子，当时竟又回到屋里睡下，根本不知道自己摔倒和扭伤的事。别人还告诉我，起夜时我经常迷失方向，在走廊跟跟跄跄地四处碰壁，犹如醉鬼一般。服药后，药劲一发作，就说起没完、吃起没完。住旅馆时，曾经走到别人的房间里，出过丑。而这种情况，早在战前就发生过。更为严重的是，曾在伊东暖香园旅馆出过一次丑。那天我比平时多吃了几片安眠药，睡下了。起夜后回到屋里，刚把脚伸入被窝，就听到一个男人温柔的声音：'来了？'接着，他抱住了我的脖子。我大吃一惊，药劲也一下子醒了。这时我才发现屋里有两个被窝，另一个里面睡着一个女人。正在睡觉的男人以为是自己的妻子来了。我简直无地自容，头也不回，一溜烟跑回自己屋里。我是怎样从女人枕边走过，又钻进男人被窝的？自己也莫名其妙。"

根据川端康成的这些安眠药中毒症状，日本一些学者和研究人员认为，关于川端的自杀，是否可以这样推测：他确是煤气自杀，但他打开煤气栓时，会不会处于上述神志不清的状态之中呢？

也许，4月16日，川端离开家来到逗子玛丽娜高级公寓后，马上服用了安眠药。而且，在半睡半醒之中，无意识地打开了煤气栓。如果这一推断成立，就很难说川端是否真的有意自杀了。当然，确实是自己动手打开了煤气栓，就形式而论，无疑应算自杀。但如果打开煤气栓时处于半睡半醒之中，自己并没意识到这一动作。那么，与其说是自杀，不如称之为事故更合适。

3. 死于思想负担过重说。1968年川端康成获得诺贝尔文学奖后，日本举国上下为他欣喜若狂，不仅报端以大量的篇幅报道了这件事，而且裕仁天皇通过宫廷的一位高级官员以及佐藤首相亲自打电话向他表示祝贺。

川端康成本人在接受日本和外国记者采访时，也掩饰不住内心的极度兴奋。他说："我很幸运。我之所以能得奖，主要归功于日本文坛，其次归功于我的作品的翻译者。我很高兴地看到，人们在我的书中所找到的日本文学的传统风格，已经被西方世界所了解、所接受了。"

他的这番话，显然是对瑞典文学院给予他获奖评语的一个褒扬，流露出得意洋洋的心情。这以后，川端康成未能再写出传世之作，作为社会名人的川端因而思想负担过重，只能以自杀了事。

4. 死于精神崩溃和文学危机说。我国不少学者和专家指出：川端康成在50年的文学生涯中，一贯坚持唯美主义文学方向。概括来说，他的创作特色是以虚无思想为基础，以虚幻、悲哀和颓废三个要素构成，主要反映与悲哀相连的爱与死的主题，描写颓废的情绪，刹那间的感觉和受压抑的本能，来反映资产阶级腐朽没落的丑恶生活。后期作品中，这种颓废主义更加恶性发展，多从病态心理和色情描写出发，反映战后颓废腐朽的社会风气。

川端表现在文学创作上的堕落有其深刻的政治根源。他除了早期组织"新感觉派"，参与反动的文化围剿外，在日本帝国主义发动侵华战争期间，还充当日本帝国主义侵略军的新闻记者，到中国进行罪恶活动。

日本投降后，他为日本帝国主义的灭亡大唱挽歌，在《悼岛木健作》《武田麟太郎和岛木健作》等文章中写道：日本投降后，他的忧伤已沁入骨髓，他要用文学创作活动，使日本人去"感觉什么是真正的悲剧和不幸"，流露出对日本战败投降的惋惜和无法挽回的悲伤。

学者们着重指出："川端在政治上的堕落必将招致精神上的崩溃和文学上的危机，到头来不得不在1972年走上自杀的道路。"

5. 死于三岛由纪夫自杀打击说。日本有的学者和文学家在推测川端的自杀动机时，认为三岛由纪夫的自杀最终导致川端走上了绝路。

1946年，三岛由川端推荐，发表了短篇小说《烟草》，从此正式进入文坛。其作品前期唯美主义色彩较浓，大多描写病态心理和色情故事，反映了战后初期颓废腐朽的社会风气；后期则主要有意识地利用小说为复活军国主义服务。这些都和川端的主张极为相近。因此，当1970年11月三岛用切腹自杀来煽动军队搞政变失败身亡后，川端亲自主持"葬礼"，扬言三岛精神仍"活在许多人心中，并将载入史册"。由于打击太大，致使川端也走上了绝路。

6. 死于支持秦野竞选失败说。这也是不少日本学者的看法。川端曾公开支持警察头子秦野竞选东京都知事。川端原以为以自己的地位和名望，秦野竞选定能成功，岂料却以失败告终，川端受不了这个打击，只能自杀寻求解脱。

由于川端康成的政治主张和创作活动较为复杂，其作品在日本影响深远，而且死前他又没留下可供分析、研究的片言只语，这无疑给人们探究他自杀的动机带来了一定的难度。

卡拉扬是纳粹战犯吗

20世纪最杰出的指挥家卡拉扬也许不想活到1991年——最伟大的古典音乐大师莫扎特逝世200周年，以参加纪念他的这位同乡。然而他度过了自己的80寿辰后不久，便身不由己地离开了人世。他的死引起了全世界隆重的纪念，震动了世界乐坛乃至整个文化生活领域，几乎无人可与之相比。

尽管如此，有许多人对他在第二次世界大战时期为纳粹服务的事实，仍没有忽视，并坚持认为，与其他众多受审判的纳粹战犯相比，若不是他在音乐上的成就，他亦终究逃不过审判。赫伯特·冯·卡拉扬（1908年~1989年）出生在奥地利的萨尔茨堡。他幼时天赋极高，5岁时便公开演奏，俨然是一位钢琴家。他的父亲，医生兼业余音乐家，如同莫扎特父亲一样，渴望儿子早日成名，极力鼓励儿子从事音乐。这位传奇式的卡拉扬一生历经两次世界大战，如果再多活10年，他人生历程便经过整个20世纪了。

图1-9 卡拉扬

卡拉扬的指挥生涯正式开始于拿破仑曾涉足过的小城——乌尔姆，那年他才20岁。5年后，当他被解职时，他漫步于这个小城街头，突然"发现自己眼前没有任何合同，也没有地方过夜，饿着肚子，剩下的只有在乌尔姆市演出时的美好回忆"。但回忆不能填饱肚子，他走遍全国谋生，但连试用的机会也没有了。

到1988年4月5日，当他在全世界文艺界的祝寿中度过80岁的生日时，他已被全世界舆论界赞誉为"20世纪的奇迹""艺术界的巨头"以及"指挥界的帝王"。

这位驰骋乐坛60年的著名指挥家，他富于传奇色彩的二战时期的生活一直是一个有争议的话题。人们没有忘记，第二次世界大战结束后，著名的萨尔茨堡音乐节的组织官员们呼吁最伟大的指挥家之一——托斯卡尼尼参加这一重大节日，但托斯卡尼尼的回答是："我不去，我决不与为希特勒服务过的孚尔特温格勒、卡拉扬之流混在一起！"可见那时把卡拉扬定为纳粹战犯的观点是有一定市场的。

认为卡拉扬是纳粹战犯的证据似乎比较充分。卡氏自1933年到1942年期间一直是一名纳粹党徒。他的音乐生涯中，声誉的日益隆盛同德意志民族社会主义势力兴盛紧密地相伴。当一些犹太籍指挥家如孚尔特温格勒、瓦尔特、克赖伯、布许、缅恩等被迫辞职或离开德国时，卡拉扬却加入纳粹组织，这是他26岁时想取得亚琛的艺术指导职位而走的第一步。他曾在1967年的《纽约时报》上刊文承认这点，并表示愿为取得这一重要职位而"担当任何罪责"，同时卡氏为了往上爬，为超越孚尔特温格勒这位当时象征德意志文化传统的人物的声望，他利用一切纳粹政权给予他的机会。

1939年11月，他接受了柏林歌剧院艺术指导的位子；1941年他放弃亚琛的工作，全力经营他在柏林的事业。卡氏的事业在第三帝国期间得到顺利地发展这无疑说明了他是纳粹政权下的一个不光彩的人物——这是从政治上而言的，因为文化生活受政治牢牢控制的现实在任何时代都存在着。基于卡拉扬为希特勒政府服务的事实，他完全是一个纳粹战犯，因而战后由于他有加入纳粹党的污点而成了首批被带到临时法庭而准备接受审判的犯人。

但也有许多人持相反的观点，认为卡拉扬不能算是战犯。因为他所处的环境是客观的，当时一切文化生活都处于纳粹强权统治之下，一切活动都带有被迫的性质。在当时纳粹强权及狂热的沙文主义气氛下，如果对抗这一强权便如同以卵击石，卡氏在那里服务也是一种自然而然的选择。即便他有为取得各种职位的私心和机会主义式的所作所为，在当时特殊环境下也是可以理解的。所以战后有一个专门为他成立的委员会为他请愿，要求赦免其"罪责"，不久卡氏便得以解脱了政治上的干系。这些人认为，作为一名艺术家、一位忠心耿耿献身于音乐艺术的指挥家，卡拉扬根本就与战争和政治毫无联系，那么何谈他所犯下的"战争之罪"呢？

无论如何，卡拉扬是20世纪最杰出的指挥家之一。战前在柏林，他为自己塑造了著名指挥家的形象；战后几十年，他又为自己奠定了最完美的指挥形象的基础。他集中了托斯卡尼尼的精确和孚尔特温格勒的浪漫的双重优点，因此，我们不能只看这位习惯于"闭眼指挥"的大师是否是纳粹分子的问题，还应该看到卡氏（再加上孚尔特温格勒）在纳粹统治期间的音乐活动，使德国人民受到的教益。

要知道，在那个独裁时代，人们只有从音乐声中才能在自己可怜的生存空间里感受到一点精神安慰，"音乐代表着他们唯一保留着的被撕成碎片的尊严"。

梭伦尸骨今何在

凡是读过希腊史的人，无不知晓梭伦这个历史人物，他是公元前7世纪到6世纪生活在古雅典的政治改革家和诗人。

公元前594年，正当雅典平民与贵族斗争的紧要关头，梭伦以其出众的才华受命为首席执政官，大刀阔斧地进行了一系列改革。首先是颁布"解负令"取消一切债务，解除了压在下层平民肩上的重担；接着又一鼓作气打破氏族贵族依血统决定人们社会地位的惯例，采取按个人财产多少划分公民为四个等级，并改革国家机构，创设四百人会议，作为公民大会的常设机构；同时他又因地制宜地制定了一些促进工商业发展的改革措施，如改革币制、鼓励橄榄油输出、禁止雅典粮食出口等；命令公民传技艺给子孙；以授予公民权的优厚条件，引进人才，让有专长的外邦人定居雅典，等等，从而打击了旧的氏族贵族制度，促进了奴隶制经济的发展，为雅典奴隶主民主政治的建立奠定了基础。因此，恩格斯曾把他的改革称之为一次"政治革命"。

就是这样，一位在古代知名度很高的政治改革家兼诗人，究竟死在何地？他的尸骨哪里去了？从古至今，都是一个不解之谜。

据说梭伦出身名门，原籍萨拉密斯。萨拉密斯是一个海岛，濒临雅典西海岸，地扼要冲，是雅典的门户。由于其父乐善好施，以致家道中落，梭伦一度外出经商，周游了希腊和小亚细亚很多地方，增长了不少见识。

早在青年时代，梭伦就非常关心国家大事，具有强烈的爱国热情。当时雅典与邻邦墨加拉为了争

图1-10　梭　伦

夺萨拉密斯曾多次发生战争。雅典出师不利，屡遭败绩，人们厌战情绪与日俱增，于是做出了反战决议，对凡敢以书面或口头方式再言战者，处以死刑。不少有志青年慑于反战法令，敢怒而不敢言。唯独梭伦，胆识过人，为激发雅典人的爱国热情，竟不顾个人安危，头戴花冠，佯装疯癫，跑到市场中心，站在传令石上，向聚集在周围的人群朗诵他自己创作的充满爱国激情的诗篇，号召人们到萨拉密斯去，"为这可爱的岛屿而战斗"，洗刷那令人难堪的耻辱，如果连这点勇气都没有，那就不配做一个雅典人。

为了论证夺取萨拉密斯是正义之举，梭伦还查阅有关文献资料并实地考察，说明从历史传统和风俗习惯看，萨拉密斯理应是雅典的领土。

正是在他的鼓动下，雅典当局终于废除了那条有失民族尊严的反战法令，与墨加拉重启战端，并任命梭伦为前线指挥官。智勇双全的梭伦

不负众望，亲率雅典士兵，出奇制胜，一举夺回了萨拉密斯岛。步入而立之年的梭伦从此崭露头角，声威大震，赢得了雅典平民的信任，被推举为首席执政官，实现了他对雅典进行经济和政治改革的夙愿。亚里士多德称赞梭伦，说他"采取曾是最优良的立法，拯救国家"。这些都说明他不愧是一个"受任于败军之际，奉命于危难之间"的爱国主义者。

后来，迫于雅典内部的斗争形势，梭伦在任期届满后，晚年再次出游他乡，历访埃及和塞浦路斯。有人讲10年后，梭伦又返回雅典，归隐在家，从事著述终老。

一般认为，梭伦享有高寿，活了七八十岁。有人则有不同说法，说梭伦因反对僭主政治的专制统治，一直游历外邦，客死他乡。例如古希腊作家第奥根尼·拉尔修，就说梭伦在80岁时死于塞浦路斯。他虽客居异邦，但对故土的拳拳之情，却未曾一刻忘却，死前叮嘱亲人将其遗体运回故乡，化为灰烬，洒在他曾为之战斗过的萨拉密斯这块土地上。因此，克拉提诺斯在他的剧本《赫伊朗》里让梭伦这个角色说道：

我住在岛上，因为我——用人们的话来说——

被撒遍了整个阿雅斯的国土。

为了论证这一说法是正确的，在第奥根尼·拉尔修的《名哲言行录》里，还记载了下面这样一首诗歌：

在异乡塞浦路斯的土地上，

火焰攫走了梭伦的躯体；

他的遗骸为萨拉密斯所得，

他的骨灰滋养着这里的庄稼。

轴转木牌把他的英灵一直带上了天庭；

因为，他的法律使人民的负担变得最轻最轻。

但是，古代著名传记作家普鲁塔克对此则持相反意见。根据他撰写的《梭伦传》记载，他认为梭伦在庇西特拉图做了雅典的僭主之后，"还活了一个很长的时期"。至于说梭伦的遗体被焚化，骨灰被撒在萨拉密斯岛上的问题，普鲁塔克十分肯定地指出，"这是一个离奇到难以令人置信的虚构的故事"。然而，他在否定此说之后，又坦率地承认，许多著名作家认为梭伦的骨灰是撒在萨拉密斯岛上，就连赫赫有名的哲学家亚里士多德也不例外。

斗转星移，事隔千秋，何处是梭伦的最后安眠之地？他的遗体是埋葬了还是化为灰烬撒掉了？自古以来，就是一个没有得到明确结论的问题，有待学者进一步探究。

苏格拉底死因之谜

苏格拉底是古希腊最有影响的哲学家、雅典城邦的公民。和同时代的孔夫子一样，他用言传身教的方式，积极倡导他的学说，影响了同时代的许多人。他的弟子很多，可以说是跟随者如云，其中最著名的要算是柏拉图了。公元前399年，雅典城邦的一个民众法庭以投票的方式，判处苏格拉底死刑。他随后服毒而死，这年苏格拉底71岁。

苏格拉底是历史上第一位被判处死刑的大哲学家。他的死，震动了当时的希腊世界，并以它的悲剧色彩而震撼着后人的心灵。同时，他的死也成了一个难以解开的谜。人们不禁要问，像苏格拉底这样终生以讨论哲学问题为唯一乐趣，至多也不过是同其伙伴们闲谈形而上学的人，在后人眼里又是如此伟大的哲学家，到底是触犯了哪条法律而终受极刑的呢？而在雅典这样一个标榜自由和民主的城邦里（伯里克利在公元前430年一次著名的葬礼演说中即如此标榜过），又何以会发生这样的惨剧呢？对于这个问题的回答，众说纷纭，莫衷一是，至今如此。

判决苏格拉底的直接起因是公元前399年三位雅典公民美利图斯，阿尼图斯和莱孔对苏格拉底提出公诉（按照雅典的法律，每个雅典公民都有权对危害雅典城邦的行为或个人提出公诉），指控他不敬神灵和毒害青年。一个由501名雅典公民组成的陪审团在听取了双方的辩护和证词以后，以281票赞成，220票反对的结果判苏格拉底有罪，并处以死刑。

但是，学者们很难相信，就凭这样的两条并没有多少确凿证据的罪状便足以判处苏格拉底极刑，其背后一定隐藏着更深刻的原因。然而至于这深刻的原因是

图1-11　苏格拉底

什么，他们却又各执一词。有人认为是因为他在和同伴们的讨论中毫不留情地揭雅典社会名流们的短，而得罪了许多人。这引起许多人忌恨而最终为他引来杀身之祸，这种说法不无根据。在《申辩篇》里，柏拉图详细描述了苏格拉底如何为证实德尔斐的阿波罗神谕"苏格拉底是最有智慧的人"而各处抨击雅典各界的名流，让他们丢尽了脸而终于遭到忌恨。

也有人认为是出于政治报复。这同雅典当时的政治局势有着密切关联，到公元前5世纪末，民主政治在雅典已经推行了一个世纪，且深入人心。但在公元前411年，受西西里远征失败的余波冲击，雅典民主政治第一次被推翻，被一个四百人会议组成的寡头政府所取代，此后不久，四百人会议垮台，民主政治得以恢复。

公元前404年，持续了几十年的伯罗奔尼撒战争结束，雅典最终为斯巴达所打败，在斯巴达的操纵下，一个由30人执政的僭主政府上台，雅

典民主政治再次被推翻。这两次颠覆活动，深深地震动了雅典公民。而在这两次的颠覆活动中，雅典反对民主政治的贵族们都充当了急先锋。这些人中有些是苏格拉底的学生。如直接导致西西里远征失败，而间接导致了第一次颠覆活动的雅典将军阿尔西比阿底斯曾是苏格拉底最亲密的学生。然而，他却背叛了雅典而投靠斯巴达人。公元前404年，三十僭主的领袖之一克里提阿斯也是苏格拉底的学生。

事实上，苏格拉底周围也确实聚集了一批贵族子弟。他们中的许多人都反对雅典民主政治（如柏拉图），因此，雅典民主政治在公元前401年再度完全恢复以后，即把苏氏看作是罪魁祸首之一，而处以极刑。

美国著名记者撰写的《苏格拉底的审判》一书，对这个问题再度做了探讨。他认为苏格拉底同雅典民主政治的矛盾，有其更深刻的原因。苏氏的判决，主要不是因为他的学生成了雅典民主政治的反动者，即是说，这不是因为政治报复，而是因为苏格底的思想从根本上是同民主政治的原则相悖的。

苏氏认为，统治一个社会的不应该是少数人，也不应该是多数人，而应该是"有智识的人"（色诺芬语），也就是说，一个社会应该由那些知道如何管理的人来统治，由专家统治。基于这点，他不赞成所有现存政治制度，也包括雅典民主政治。这种思想，从根本上挖了民主政治的墙角。但是在雅典，任何人都有思想的自由，有言论的自由，因而这种思想仍然得到容忍。然而，到了公元前5世纪末，由于雅典民主政治连遭挫折，民主派因而对反民主的思想越来越感到害怕，丧失了从意识形态上同它抗衡的信心，而终于采取了这种从肉体上消灭对手的极端措施，造成了这一幕悲剧。

当然，这些都是后人的分析，而在当时，人们也许确实相信，苏格拉底的过错是对神的不敬和对青年的毒害，至少陪审团里的501人中有大部分人都相信。阿里斯托芬在《云》一剧中也把苏格拉底描述成一个蛊惑青年的能手，这可能起了推波助澜的作用。对当时人这样的想法，我们也不能一概否定。不过，即便如此，苏格拉底之死这个谜仍然没有完全解开。

我们知道，苏氏有几次避免被判刑的机会，雅典的民众法庭的审判程序是这样的：在原告和被告各自陈述了自己的理由之后，由陪审团投票表决被告是否有罪。如果表决有罪，再由原告和被告各自提出对被告处以什么样的刑罚，然后陪审团再次投票，选择其中比较合适的刑罚。

而在苏格拉底被判有罪后，他本可以提出比较合适的刑罚，来博得陪审团的同情。他可以提议流放，这是当时比较重的惩罚。但是苏氏并没有这么做，而是故意激怒了陪审团。他先提出自己应受的惩罚是由政府把他作为有益者供养起来，给他提供免费就餐，而后又提出罚款3 000德拉克马（古希腊货币单位），但这也是一个较轻的惩罚，苏氏的弟子和朋友都劝他提出一个重的罚款，并主动帮他出钱，但苏氏都拒绝了。

即使是在判决以后，他也有机会逃走，而且他的弟子和朋友们也安排好了。但他再次拒绝了，他自己选择了死。为什么呢？这不能不说是一个谜。

无论怎么说，苏格拉底的死都是一个悲剧，或许是为思想而献身的缘故，他死得那么从容。服毒前他先送走了妻子和孩子，对他的弟子和朋友们说他不想看到他们哭泣的样子，想欣慰地去死。他的最后一句话是对他的弟子克里托说的："我还欠阿斯克里皮乌斯一只鸡，不要忘了还他。"

马可·波罗是否在说谎

在上古时代，由于交通不畅，东西方之间的联系颇为艰辛。在西方，"历史之父"希罗多德曾云游天下，行踪甚广，并有"旅行家之父"的美称，但他心目中的"天下"，只不过是地中海沿岸的古希腊人所知的一隅之地，十分有限，他没有到过中国，他的《历史》对于中国也缺乏记载。后来，盛传一时的亚历山大东征曾经到过中国的说法，经史学家研究证明亦属无稽之谈。

在中古时代，由于阿拉伯商人的足迹遍布亚、非、欧三大洲，在东西方之间起到了某种桥梁和媒介的作用，阿拉伯的历史学家和旅行家留下了许多记载，其中有不少地方曾谈到中国。尽管如此，当时西方人对东方，尤其是中国的了解，仍是一知半解。

图1-12　马可·波罗

这一情况，到了中古时期才发生了变化，它在很大程度上要归功于意大利大旅行家马可·波罗的东方之行。他于1271年随父亲与叔父来中国，1275年5月到达蒙古帝国的上都。从1275年至1291年17年间，马可·波罗一直以客卿的身份在元朝供职。归国后，他因参与本邦威尼斯对热那亚人的战争被俘，在狱中通过他的口授，由同狱的比萨文学家鲁思梯谦笔录，即成为流传后世的《马可·波罗游记》（亦名《东方见闻录》），至今已有五六十种不同版本（在我国就有七种之多），成为风靡一时的"世界一大奇书"。

在这本书中,详细记录了中亚、西亚、东南亚等地的情况,其中尤以第二卷(其82章)记载的中国部分最为详尽,诸如元初政事、战争、宫殿、朝仪乃至中国名都大邑的繁荣景象,记载翔实,引人入胜。如游记里写到的一种能燃烧的"黑色石块",显然指的是煤炭。马可·波罗把这种在中国早在汉代就开始使用的燃料知识带回到了西方,使西方人大为惊奇。

他的书中介绍许多奇异的知识,为欧洲知识界打开了一扇了解东方的窗户,无怪乎人们要说,马可·波罗"在欧洲人心目中创造了亚洲"。

但是,从此书问世以来,对它的真实性就不断有人提出质疑。关心马可·波罗的友人,甚至在临终前劝他为了灵魂的安宁,最好把一些离奇的事实删去。到了1829年,德国学者徐尔曼不仅指出此书是一部冒充游记,实为编排拙劣的教会传奇故事;而且对他是否到过中国也发生了怀疑,说马可·波罗一家最远不过到达过大布哈里亚境内(该处是意大利人常到的游历之地),又说此书编者假马可·波罗之名,谓其曾侍奉元朝皇帝忽必烈17年之久,可谓是荒唐之至。

那么,马可·波罗究竟到过中国吗?对此,中外学者在经过深入研究后,大多承认马可·波罗确实到过中国,但也实事求是地指出了他书中的缺点。

国际上,对马可·彼罗有过深入研究的学者,如英国的亨利·玉尔、法国的亨利·戈尔迪、伯希和美国的柯立夫和意大利的奥勒吉等人都持肯定意见。

也有少数学者认为他只到过北京,例如美国的海格尔在1879年撰《马可·波罗到过中国吗——从内证中看到的问题》一文认为:马可·波罗只到过北京,书中关于中国其他各地的记载,都是在北京听到的。即使这样,作者并没有否定他确实到过中国的事实。

但是,问题还是不断地被重新提了出来。1965年,德国史家福赫伯宣称,马可·波罗是否到过中国,这是一个还没有解决的问题。

1982年4月14日，英国人克雷格·克鲁纳斯更是直截了当地指出：这位大旅行家只到过中亚的伊斯兰教国家，在那里他和从中国回来的波斯商人或土耳其商人交谈过，很有可能依靠某些已经失传的"导游手册"，加上道听途说，便成了他游记的基础。作者的"证据"有以下4点。

　　1. 在中国浩如烟海的史籍中，没有查到一件可供考证的关于马可·波罗的材料。

　　2. 书中很多地方充满了可疑的统计资料，把中国丰富多彩的景象变成灰茫茫的一片，对蒙古皇帝的家谱说得含混不清。

　　3. 中国最具特色的文化产物——茶和汉字，书中从未找到。

　　4. 他写许多中国地名，似乎用的波斯叫法。

　　我国学者杨志玖教授撰文，以详尽的史实对上文进行了反驳，做出了马可·波罗确实到过中国的结论。杨教授在文章中说，他早在1941年，就在我国的《永乐大典》中发现了一条研究马可·波罗来华的珍贵史料：元二十七年八月十七日，尚书阿难答等人的奏折中提到"今年三月奉旨，遗兀鲁、阿必失呵、火者取道马八儿，往阿鲁浑大王位下"，这个记载与《马可·波罗游记》所载完全吻合，从而确认马可·波罗一行于1291年离开中国。

　　杨志玖教授的这一发现及研究成果，得到了中外学者的推崇和高度评价，被认为是判定马可·波罗来过中国的一个"极可靠的证据"。

　　杨志玖的论文还就英人克雷格·克鲁纳斯文章中提出的四个"论据"，逐一进行分析，做出了颇具说服力的回答。当然杨文也指出《马可·波罗游记》一书中的错误以及夸大之处，但马可·波罗不是历史学家，没有受过高深的教育，其书又是在监狱恶劣环境中口述而成的，能达到这个水平已很不简单了。杨志玖教授的观点，获得了学术界比较普遍的赞同。

　　1991年10月，在北京召开的马可·波罗国际学术讨论会上，中国学者蔡美彪宣读了《试论马可·波罗在中国》长篇宏文，认为马可·波罗

在中国的 17 年间与各地各族人民建立了友好的感情。虽然某些记述不免有夸张的成分,却洋溢着对中国的热爱与友谊。

从这个意义上说,《马可·波罗游记》不仅是一部在历史上有过影响的学术文献,而且是马可·波罗与中国人民友情的记录。蔡美彪的论述是对他的老师杨志玖教授在 50 年前有关观点的延伸与发展,也是对马可·波罗的中国之行所做出的最新说明。

莫里哀因何而死

莫里哀(1622 年~1673 年),原名让·巴蒂斯特·波克兰,1622 年 1 月 15 日诞生于巴黎富商让·波克兰家,1644 年 6 月 28 日首次使用艺名莫里哀,他是 17 世纪法国最伟大的剧作家,是继莎士比亚之后欧洲戏剧史上成就最大、影响最深的戏剧家。18 世纪之后,莫里哀的名字超越法国国界,在欧洲各国享有广泛的声誉,其作品成为世界戏剧艺术宝库中的珍品。

到目前为止,确知莫里哀所写的作品有 30 出戏和不多的几首诗,其中有一出戏是在他照顾年老贫困的高乃依时,与高乃依合写的。莫里哀既是编剧、导演和演员,又是剧团负责人。

一个编剧,死无葬身之地,但其作品却是法兰西喜剧院创办 300 年来上演次数最多的剧目。据载,从 1680 年法兰西喜剧院创立到 1978 年底,该院共上演莫里哀的剧作 29 664 场,而名列第二与第三的拉辛与高乃依的剧作仅被演出过 8 669 场和 7 019 场。一个作家,身后无手稿流传,却仍被称为"法语创作中最全面而最完满的诗歌天才";一个演员,不肯离开舞台,宁愿放弃法兰西学院"四十名不朽者之一"的荣誉。然而,法兰西学院却主动为他塑了一尊半身像,并将此像立于学院的地界内,石

图1-13 莫里哀

像上刻着：他的光荣什么也不少，我们的光荣却少了他。

这些颇有兴味的事情都发生在莫里哀一个人身上，他被伏尔泰尊称为"描绘法兰西的画家"。

莫里哀20岁时开始从事戏剧事业，直到他51岁死去，他一直勤奋刻苦，不断努力，使自己的艺术水平达到了炉火纯青的地步。但是，几十年来的生活并不平坦，复杂艰苦的斗争和数不清的磨难锻炼了他的意志，也影响了他的身体健康，使他过早地离开了人世。

1673年2月17日，在路易十四时代法国巴黎的王宫剧院里，灯火辉煌，人声嘈杂，池座里和包厢里到处挤满了观众，舞台上，大灯光照耀得通明雪亮，这里正在上演莫里哀的著名喜剧《无病呻吟》，这已是该剧的第四次公演，莫里哀本人亲自扮演剧中主角阿尔冈。此时的莫里哀已经51岁，而且是抱病演出。

在那天的演出中，莫里哀本来就是勉强从事的，然而，他却以惊人的毅力，忍着病体的疼痛，在舞台上坚持到最后。他那高超的剧作和精湛的演技，时时博得台下观众一阵阵热烈的赞扬声和欢呼声。然而，莫里哀在台上，一边表演，一边忍不住咳嗽，难受得直皱眉头。观众还以为这是他主演"心病者"的绝妙表演，急忙投以热烈的掌声。

但是，当演到最后一场时，莫里哀已有些支撑不住，他忍不住打了一个痉挛，细心的观众已经发现他的病态，很是吃惊。莫里哀也注意到了台下观众的反应，他鼓起全身力气，大笑一声才遮掩了过去。戏演完后，莫里哀并未休息，而是步入后台，询问观众对演出的反映，最后才回到家里。回家后他却咯血不止，两个修女把他扶上了座椅，莫里哀在她们两人的胳臂里咽下最后一口气。此时是当夜 10 点钟，离他卸妆下台还不到 3 个小时。

后人对莫里哀这位喜剧大师的死因十分关注，进行了许多探讨。但是，莫里哀到底死于何因，长期以来一直是一个悬而未解的谜。

不少人认为，莫里哀的死亡原因是他得了一种想象不到的病，但这种想象不到的病究竟是什么则无答案。

还有一种意见认为，莫里哀晚年遭受了种种不幸。1671 年冬季，他因积劳成疾而染上了肺病，后因病情加重而病倒了好几个月。

1672 年 2 月，他的健康状况刚有好转，又遇上了种种打击：他在戏剧事业上长期合作的老朋友玛德隆·贝扎尔去世；他的爱子也不幸死去。噩耗传来，莫里哀悲痛不已，又加重了他自己的病情。

在这种情况下，莫里哀仍坚持写戏，坚持演出，最后死于肺病。

另有一种观点是，莫里哀的死因是多方面的，绝非肺病一种。他长期创作，紧张排演和疲劳地巡回演出；生活艰辛，痛苦流浪，家庭生活不幸，晚年丧友丧子；竞争激烈，政治角逐错综复杂，特别是 11672 年冬他与其老朋友、音乐家吕理发生争执，被国王路易十四免去了文艺总管的职务，国王对他的宠信日减，这一切不幸使晚年的莫里哀更是雪上加霜，大大加重了他的病情，最后使他丧生。

《大不列颠百科全书》对莫里哀的死有过一段记述："1673 年 2 月 17 日，莫里哀演出第九场《无病呻吟》时，在舞台上昏倒，被人抬到家中即与世长辞。"在这里，对莫里哀的死因未加说明，而是有意回避了。

时至今日，莫里哀到底死于何因仍无一个较一致的答案，这个问题尚待进一步研究。

塞万提斯葬于何处

米盖尔·台·塞万提斯·萨阿维特拉（1547年—1616年）是西班牙伟大的小说家、剧作家和诗人，也是西班牙作家中国际声望最高、影响最大的人物。他的成名作《堂吉诃德》于1605年1月在马德里正式出版，全名为《奇情异想的绅士堂吉诃德·德·拉·曼却》。作品问世后立即获得极大的成功，成为当时最流行的小说，当年就再版六次。时至今日，此书已被译为100多种外国语言，是译本种类仅次于《圣经》的作品。

图1-14 塞万提斯

有位《堂吉诃德》版本收集者声称，截止1959年4月，他已收集到不同语种的《堂吉诃德》版本2047种，其中西班牙语版本840种，法语版本397种，英语版本319种，德语版本130种，意大利语版本84种……

英国19世纪作家托马斯·卡莱尔说《堂吉诃德》是一本"最逗笑的书"，英国浪漫诗人拜伦则说《堂吉诃德》是"一切故事里最伤心的故事"，俄国著名批评家别林斯基说，"每一个民族、每一个世纪的人民都一定或将要读一读《堂吉诃德》"。这些评论道出了《堂吉诃德》超越时代和民族的界限所永远具有的艺术魅力。

300多年来,《堂吉诃德》一直是世界各国评论家分析研究的对象,其作者塞万提斯也自然成为人们十分关注的世界级文化伟人。但令人遗憾的是,塞万提斯留下的传记材料却极少。

直到19世纪,经过学者们多方努力,查阅了许多国家档案,甚至到塞万提斯工作过的机关去寻找他当征粮员和收税员时的收支账目以及他当俘虏时的记载和史料,才从中搜集到一些能说明问题的资料,使我们对这位伟大作家的生平有了更多的了解。即使如此,塞万提斯一生中一些最基本的问题和他主要生活阶段的主要事件,仍充满了许多悬而未决的疑问和长期不决的争论。

例如,塞万提斯的确切出生日现在便不得而知,后人推测可能是在9月29日(圣米盖尔日)。从阿耳卡拉的圣玛利大教堂的受洗登记册上,我们可以确切知道塞万提斯是10月9日受洗的。按当时习惯,出生和受洗不会相隔这么久,因此出生的推测并没有多大根据。塞万提斯究竟在什么地方度过他的童年和少年,究竟在哪里上学,现在同样是个未知数。

1569年12月,塞万提斯到了文艺复兴的发源地——意大利,出国的原因现在亦无从查考;塞万提斯究竟是在塞维利亚的监狱里开始构思他的《堂吉诃德》,还是在阿加马西亚小镇的一间黑暗地窖里开始的构思,目前同样是个难解的谜。

1592年到1605年,塞万提斯曾数次入狱。1592年,由于"擅自征粮",他在卡斯特罗·台尔·里奥入狱;1597年9月12日又因"亏欠公款"而在塞维尔入狱;1602年则因"账目不清"之罪名而在塞维尔被监禁;1605年又一度入狱候讯,原因是有个放荡的贵族青年在塞万提斯当时所在的瓦雅多利德的住所附近被人杀害,塞万提斯全家为此遭嫌疑而入狱候讯。前述几次入狱的原因、时间和地点只是后人的推测而已,真实情况仍不得而知。

1613年,塞万提斯正埋头写作《堂吉诃德》第二部,且完成了将近一半的章节。就在这时,一个自称是托尔台西利亚斯地方的人使用阿隆李·德·弗尔南德斯·德·阿维利亚维达的化名，发表了一篇冒名顶替的《堂吉诃德》续篇，极力歪曲堂吉诃德和桑丘的形象，并对塞万提斯进行恶意的人身攻击。塞万提斯对此十分气愤，加紧写作，于1615年底出版了《堂吉诃德》第二部。这个阿维利亚维达究竟是谁，至今无人得知。

尽管《堂吉诃德》使塞万提斯获得了巨大成功，但是坎坷的经历与数度入狱以及狱内生活却使塞万提斯的身体受到极大摧残。1616年4月23日，塞万提斯因水肿病在其马德里的寓所中逝世，终年69岁。塞万提斯死后被埋葬在什么地方，至今仍是个谜。对此，有下述一些不同的说法。

有人说，这位大作家于1616年4月23日死于马德里，第二天就被人埋葬在"三德派"的一个教堂的坟园，此坟园在甘太伦那司街。又有一说为，1633年塞万提斯被改葬于米拉特罗街，但这一改葬之说被人斥之为毫无根据。

另有人认为，塞万提斯死后被人们草草安葬，教会对塞万提斯恨之入骨，连一块墓碑也不许为他树立，因此人们至今找不到他的墓冢。西班牙人民为了纪念这位伟大的作家，于1835年在马德里为塞万提斯树立了一块纪念碑。

还有人认为，塞万提斯一直生活于贫困之中，在他逝世前不久才得到其保护人托雷多大主教赠送的一笔款项。他死后被葬在一个修道院的墓地里，除了他妻子外无一人参加他的葬礼，其墓地里无一块碑石。1635年，修道院迁移到另一条街道上，原来墓地里的尸骨都被掘出进行火葬，所有的骨灰便掩埋在一起，但掩埋于何处则不得而知。

塞万提斯这位大作家生前只不过是一个贫困的军士和潦倒的文人而已，他死后究竟被葬于何处，至今仍是一个未解开的谜。

哥伦布到底是哪国人

在西班牙巴塞罗那海滨的和平广场上，矗立着一座巍峨雄壮的圆柱形纪念碑，纪念碑面临浩瀚的地中海，碑高60多米，用褐红色大理石造成，上面书写着"光荣属于哥伦布""向哥伦布致敬"两行大字。环绕柱体中部，雕有5个凌空飞舞的女神，底座车周雕有8只巨大的神态各异的黑狮。碑顶端是一尊哥伦布全身立雕像，他双眸凝神远望，挥手指向前方。

离纪念碑百米处的港口，停泊着哥伦布首次出航探险时乘坐的"圣玛利亚号"复制品。这是一艘黑色木帆船，船身长25米，最宽处8米，重90吨。原来的"圣玛利亚号"已在航行途中触礁沉没。1492年，当哥伦布从新大陆返回西班牙时，曾奉诏来到这里的圣阿嘉特教堂，朝拜西班牙君王伊伯拉和斐迪南。

1492年哥伦布发现新大陆，将世界历史推进到一个伟大而崭新的时代。尽管不少人著书立说，证明在他之前已有人到达

图1-15　哥伦布

美洲，如10世纪后期11世纪初期的挪威人、冰岛人，《梁书》记载的5世纪僧人慧深等，但他们的到达均不能与哥伦布发现新大陆相提并论，前者只是零星的、个人的活动，没有对社会发展、历史进程产生什么影响，而后者则是具有划时代意义的历史事件。它对欧洲国家的社会政治经济发展，对美洲大陆历史进程的改观，都起了不可估量的作用和深远影响。

因此，哥伦布作为一位伟大的历史人物将永远名垂史册。然而，这样一位新世界发现者、伟大的航海家究竟是哪个国籍的人呢？其中不乏有人说他是葡萄牙人、卡斯蒂利亚人、加泰隆人、科西嘉人、马霍尔人、法国人、英国人、德国人、希腊人、美国人，甚至个别美国人竟说哥伦布是一个真正的印第安人，只是因为"被风吹过去了"（一种神话中常用的交通手段），因而他知道回家的路。这自然是十分荒诞的。

一个比较普遍的说法是，哥伦布1451年出生于意大利的热那亚城，祖父乔瓦反·哥伦布是一个经营毛纺织业作坊的手工业者，作坊开设在城东5里处的昆特镇，父亲多米尼科·哥伦布是一个独立经营呢绒作坊的手工业能手，拥有纺织机，作坊建在热那亚城东门附近。他还是织布行会会员，在同行中享有一定的威望。

1445年，他与一位住在比萨格罗河谷的纺织工女儿苏珊娜·丰唐纳罗莎结婚。6年后克里斯托弗·哥伦布就降生在这里。

关于哥伦布家庭和他的早期生活，人们知道得很少。他在14岁时只上了一年不到的拉丁文学校，以后就开始出海航行。他曾当过海盗。1476年他参加了葡萄牙反对热那亚的一场海战，当时哥伦布的船中弹起火，他靠一把桨游到岸边，登陆后流落在里斯本，后投靠同乡谋生。此后到1479年替商馆做生意，1479年起重又过着海上漂泊生活。1483年哥伦布向葡萄牙国王提出西航印度的探险计划，请求给予援助，但是遭到了拒绝。1486年又向西班牙君王求援也没结果。此后又分别向英法协商远航事宜，仍不成功。

直到1492年4月，他才与西班牙王室签订了实现"伟大事业"的协议。当年8月3日黎明，哥伦布率领"圣玛利亚号""平培号""尼尼亚号"从西班牙帕洛斯港扬帆出航，横渡大西洋，终于在10月12日登上了"新大陆"。

但是，1981年版的《大不列颠百科全书》却认为，这些不能证明哥伦布是意大利人，因为他从未在哪个场合声称自己是热那亚人。1476 年海战，他是以葡萄牙一方的人员与热那亚作战，此后再也没有回到热那亚。他没有用意大利文写下任何东西，甚至给家人的信件和日记都是用西班牙文写的。他自己的名字也习惯用西班牙语拼写，并希望别人也这样用，因此，英国《不列颠百科全书》认为他是一个定居在热那亚的西班牙犹太人。西班牙历史学家拉斐尔·卡尔萨达、伦敦地理学会的曼斯菲尔德也从大量历史史料中证实这一观点。

委内瑞拉历史学家埃尔马诺·内克塔里奥·玛利亚在大量调查研究基础上，于 1978 年在马德里发表了《美洲发现者哥伦布是西班牙的犹太人》，更引起人们的关注。

他提出，长期来由于两个哥伦布的名字和拼写相同，人们一直把热那亚的哥伦布和西班牙的哥伦布混为一谈。实际上前者全称为克里斯托福尔·哥伦布，出生在热那亚；后者全称为克里斯托瓦尔·哥伦布，出生在马略尔卡岛的赫诺瓦。发现新大陆的是后者，而不是前者，虽然他也从事过航海业。

经过考证，埃尔马诺·玛利亚还得出，西班牙的"哥伦布"是"鸽子"意思，这是马略尔卡岛上一个很古老的姓，来自犹太人家族的祖姓。而 1981 年版的《西班牙历史百科辞典》、1983 年版的美国《柯里尔百科全书》都断言哥伦布是意大利人。前者还以 1498 年 2 月 22 日哥伦布家族的长子继承权立法的文件作佐证，不过同时声称这份文件仅仅是个抄件，以致人们怀疑它的真实性。另一本《美国百科全书》认为哥伦布所以用意大利语，是因为其母语利古利亚方言不是一种书面语的缘故。

20 世纪 80 年代末，挪威一位海运史作家桑纳斯撰文称，哥伦布可能是挪威人。他在《克里斯托弗·哥伦布———一个来自挪威的欧洲人》一书中提出，哥伦布是挪威的一个贵族，名叫克里斯托弗·邦德，同时他还说哥伦布发现新大陆是在 1477 年，而不是通常说的 1492 年。

这本书在挪威引起广泛报道。有些人以此作为一个迟到的雪耻机会，为什么忽略了斯堪的纳维亚的航海家，要知道挪威航海探险家埃里克松早哥伦布500年即发现了北美洲。

关于"新世界发现者"哥伦布的国籍至今还是一个扑朔迷离的谜，相信在纪念哥伦布发现新大陆520周年的纪念活动中，它还将是一个引起人们热烈讨论的课题。

第二篇　引人遐想的文化悬案

罗刹王尸体之谜

《罗摩衍那》是举世闻名的印度史诗。主人公罗摩王与古代斯里兰卡国王罗婆那的激烈战斗，构成了全史诗情节的高峰。按照传统的说法，罗婆那战死后即举行了火葬，但是近年来有人却提出了不同的看法，认为罗婆那的尸体在将近3 000年后仍然完好无损地保存在拉加拉山峰的石窟中。

泰国马拉瓦德教团的教士特玛难陀是位学识广博和威望甚高的佛教界元老。据他考证，罗婆那的尸体是采用了科学的药物处理办法后保存下来的。大量的史料表明，古代斯里兰卡和埃及的关系极其密切，两国不仅有频繁的文化交往，而且还通过海路发展商业贸易。特玛难陀借用西方考古学者对埃及金字塔中至今保存完好的法老及其王后的木乃伊卓有成效的研究成果，断言《罗摩衍那》中的罗刹王——罗婆那当政时期，人们就通晓了这门学问，即"斯里兰卡从埃及那里学会了使用化学药物长期保存尸体的方法"。

特玛难陀称，为了供人瞻仰，罗婆那阵亡后，尸体停放在一座山丘上。葬礼自然是按照国殡规模进行的，还邀请了许多友好国家的元首。罗婆那的兄弟毗湿那、正宫皇后曼都陀哩、姊姊特哩查达前来凭吊。当时埃及国王斐罗也来吊丧，他卑称"罗摩森瓦加"以示臣服于罗摩。而某些西方学者因为对梵文确切含义不甚理解，而将"罗摩森瓦加"读作"罗摩森"，这是不理解"瓦加"两字的意思，如同称呼乔治五世一样也将埃及国王斐罗称为"罗摩五世"。

事实上，当时埃及国王甘当罗摩的藩属，此与"罗摩森瓦加"的原意相吻合。在前来吊唁的埃及国王一行中，有对保存尸体造诣颇深的专业人员，他们遵照罗摩的命令，在罗刹国的协助下，通过科学处理使罗婆那的尸体存留于后世。他们选用一种特殊的裹尸布，按照传统的礼仪将尸体安置在经过一番装饰的山洞里。罗婆那的尸体存在于两山之间被茂密的森林包围的山洞中，要想涉足那块经常有凶猛的野兽和毒蛇出没的地方极其困难。据特玛难陀的叙述，有一次他在迷途中确实到过那里。那时天色已晚，四周一片漆黑，只见从山洞里发出一道神秘的光。他判断这种极像镭的放射线来自罗婆那的尸体，事后，他向斯里兰卡政府呈送了一份调查报告的副本，指出这具尸体可能停放在山洞中的祭坛上，周围或许还有其他东西。

特玛难陀的关于罗婆那尸体这一新的研究动态立即在斯里兰卡引起了轰动，并引起东方考古界和史学界有关人士的关注。遗憾的是由于某种原因并没有受到当地政府的重视。

按照印度的传统说法，罗婆那死后是火葬的，这显然是基于蚁蛭所创作的史诗《罗摩衍那》中的故事。但是在其他东南亚国家传世的《罗摩衍那》版本却不相同。

印度尼西亚出版的《罗摩衍那》记述道——

"在罗摩的密集的'箭雨'袭击下，罗婆那只好退却，不料陷入不知名的两山间峡谷中。他越陷越深，突然觉得好像被鳄鱼束缚了手脚。尽管他拼命挣脱，但无济于事。终于自食恶果，走向世界末日……"这里没有提及火葬问题。

泰国出版的《罗摩衍那》这样记述道——

"有一次，罗摩闪电般地将'帕拉赫马拉特拉'（一种投掷物）向罗婆那胸膛投去。罗婆那倒在地上，临死前微睁开眼睛，自感末日来临，想起叫其弟威毗湿那来解救，这时神猴河努曼未费吹灰之力便置他于死地……"这里同样没有提及火葬。

在泰米尔文日报《靳达摩尼》上，斯里兰卡著名的考古学家V·M·苏伯拉赫孟耶撰文支持特玛难陀的说法。他写道："湖的附近确实存在罗婆那的尸体。罗婆那酷爱音乐，每当月圆日依稀传来阵阵的琵琶声和松籽油的芳香。罗婆那又是湿婆神信徒，每天都要烧香祷告。"在谈及罗婆那的木乃伊终究会大白于天下时，他说："关键的问题是，洞口有块巨石，只要想法将它搬掉就能进去了，不过这块巨石好像具有神奇的魔力，搬掉它并非容易。"

特玛难陀发表在僧伽罗文日报《塔瓦斯》的文章也绘声绘色地描述道："山巅有一处地道，沿地道往前走可见一湖泊，湖对岸便是罗婆那石窟，至今未曾有人知晓。石窟中很可能还有殉葬的服饰、金银、钻石、珍珠以及其他珠宝，由于器物发光而使洞中能见度很高。"

印度那格普尔大学副校长、著名考古学家江沙卡尔教授从斯里兰卡实地勘查回来后，用马拉文写作了一部专著，也断言罗婆那的尸体至今仍保存在斯里兰卡。

此外，还应当注意到早在蚁蛭写作史诗《罗摩衍那》之前，罗摩衍那的故事便在南印度、越南、泰国、马来西亚等一些国家和地区传播。而蚁蛭在史诗中所描写罗婆那被火葬的情景，大抵与当时北印度盛行的这种殡仪习俗有关。至今那里每当印度教徒举行罗摩胜利庆典时，都要进行火烧罗婆那的有趣表演。

虽然争议依然存在，但各国学者对罗婆那尸体之谜的深入探讨，将为研究古代南亚历史增添极其重要的考古资料。

儒学何时传入日本

中日两国是一衣带水的邻邦，自古以来两国之间便有着频繁的文化交流活动，处于汉文化辐射圈内的古代日本很早便传入了儒学。那么，儒学是什么时候、通过谁、怎样传入日本的呢？中国现存的浩如烟海的

古代中日文化交流史料对此却没有确切的记载。因此，一般认为：对日本何时传入儒学的研究，现在只能借助于日本现存的古代史料。

据成书于公元712年的日本第一部历史和文学著作《古事记》记载："品陀和气命（应神天皇）在轻岛的明官治理天下……百济王照古王遣阿知吉师献牡马一匹、牝马一匹……天皇又命百济国贡献贤人。于是，百济国又派遣和迩吉师献《论语》十卷《千字文》一卷。"

成书于720年的日本第一部正史《日本书纪》也载有："（应神天皇）十五年秋八月壬戌朔卯，百济王遣阿直岐贡良马二匹……阿直岐亦能读经典，即太子菟道稚郎子师焉。于是天皇问阿直岐曰：'如胜汝博士亦有耶？'对曰：'有王仁者是秀也。'……乃征王仁也。十六年春二月，王仁来之，则太子菟道稚郎子师之，习诸典籍于王仁，莫不通达。"一般认为这两则史料记载的是同一件事，即日本应神天皇十六年，儒学通过朝鲜半岛的百济传入了日本。

另据《日本书纪》记载，应神天皇死后，本应菟道稚郎子继天皇位，但他却推让于异母兄大鹪鹩，其理由是大鹪鹩仁孝之名远闻天下，且年长于己，故应由其继天皇位。大鹪鹩则以父命难违为由，固辞不就。两人互相推让达三年之久，最后菟道稚郎子自杀以示其辞让之诚。

有人认为上述二人的这种做法是在效法《论语·泰伯》所载的做法：中国西周时期泰伯与仲雍出走，辞让君位于幼弟季历。这是儒学传入日本后对日本人思想产生影响的有力佐证。他们据此断定，《古事记》和《日本书纪》关于儒学始传日本的记载是基本可信的。

那么，确切地说日本应神天皇十六年相当于公元纪年的哪一年呢？关于这个问题，学者们的观点尚不一致。有人认为是公元285年，也有人认为是公元405年，还有人认为是公元446年。

然而，问题是根据《古事记》和《日本书纪》的记载，王仁到日本时带去的书中有《千字文》一卷。而《千字文》一书为南梁周兴嗣所作，其成书时间当于梁武帝在位年间，即公元502年~549年，如果《古事记》和《日本书纪》记载无误的话,王仁到日本的时间当在《千文字》成书后的6世纪,而上述几种推测中最晚的公元446年也是在《千字文》成书之前。这不能不令人怀疑上述几种推测是否正确。

但是,从日本现存的作于5世纪的金文铭文中可明显看出儒学对日本人思想的影响。这又说明早在《千字文》成书之前,最晚在5世纪儒学已传入了日本。

不过,我们也不能因此便简单地否定前引《古事记》和《日本书纪》的记载的可信性,关于这个问题也许有两种可能。

第一,《古事记》和《日本书纪》的记载有误。王仁去日本是在6世纪以前,即《千字文》成书以前,王仁带到日本的书籍中没有《千字文》一书。那么,当我们引证上述两书的有关记载研究儒学始传日本这个问题时,就必须首先对此做出令人信服的考证。

第二,《古事记》和《日本书纪》的记载正确无误。王仁去日本是在6世纪,即《千字文》成书之后,王仁去日本时带去的书中确有《千字文》一书。有关此事的记载,并非儒学始传日本的记载,这是因为,在王仁到日本前,儒学早已随着中日两国的民间交往活动而进入了日本,并对日本人的思想意识和社会生活产生了显著的影响。前引《古事记》和《日本书纪》关于王仁去日本的记载,充其量不过是关于日本官方首次引进儒学的记载,绝非儒学始传日本之史证。那么,传统的那种根据《古事记》和《日本书纪》中的两则史料考证儒学始传日本的研究方法及由此所得出的有关结论显然值得怀疑。

于是,有人提出儒学不是由官方经朝鲜间接传入日本的,而是通过民间交往从中国直接传入日本的,时间是在公元前二三世纪。

具体地说,持这种观点的人认为:徐福东渡,首次把儒学经典——《尚书》带到了日本。因为我国北宋著名文学家欧阳修的《日本刀歌》中说:"徐福行时书未焚,逸书百篇今尚存。严令不许传中国,举世无人识古文。"

诚然，欧阳修的诗作并非信史，且除此之外别无他证，更何况迄今为止，连是否确有徐福其人其事尚无定论。

不过大多数学者认为，尽管目前尚不能肯定地说历史上确有徐福其人其事，但可以肯定地说，传说中徐福生活的年代，日本古代文明发生了一次空前的大飞跃。从以渔猎采集为主要经济特征的绳纹文化时代，进入了以农耕生活为主要经济特征的弥生文化时代。其社会进步的主要动力，即是这一时期有大量移民从中国大陆移居日本，带去了先进的汉文化，极有可能这一时期儒学经典便随中国先进的生产技术一起被移民们带到了日本。

由此可见，欧阳修的说法不无道理。当然，这种观点缺乏足够的证据，目前只能算是一种推论。

综上所述，日本何时传入儒学还是一个谜，有待进一步探讨。

中国"罗马城"之谜

《汉书·陈汤传》有这样一段记载：公元前36年的秋天，由西域都护甘延寿与副校尉陈汤率领的4万汉军，分兵两路，一路顺大漠南缘，另一路由北穿乌孙境至伊塞克湖，在康居与匈奴郅支单于的军队对峙。在汉军营地，可以"望见单于城上立五彩幡帜，数百人披甲乘城，又出百余骑往来驰城下，步兵百余人夹门鱼鳞阵"。

这支会列布"鱼鳞阵"的军队引起了历史学家极大的兴趣。因为"鱼鳞阵"一说，在中国古籍中是绝无仅有的记载。要将军队列阵布局成为鱼鳞状，需经高度的组织训练并有相应的阵列条规来指导。这对于任何游牧部落或其他未开化民族来说，都是不可能做到的。像匈奴人这样的游牧部落，打仗来多凭借勇敢，一拥而上，往往无章法可循，而布

图2-1 中国"罗马城"

局周密的阵列只有在训练有素的职业军队中方可实现。于是,这支训练有素、会摆"鱼鳞阵"的军队就成了一个始终未解的谜。

1955年,英国牛津大学学院研究员德效骞教授,在一次演讲中提出,中国人在郅支都城见到列于城门两侧的是典型的罗马阵列——龟甲型攻城阵,这种阵列其他军队不曾用过,他们使用的是长方形盾板,其正面呈圆凸状,手持盾板上端的士兵并肩站在一起,这种景象若在一个典型的中国平视绘画者看来,必然极似鱼鳞。

1957年,他在《希腊与罗马》刊物第2期上发表了长文《古代中国的一座罗马城》,认为甘延寿、陈汤在这次战争中斩郅支阏氏、太子、名王等1 500余人,生擒145人,降虏千余人,并将这些人分配给了派兵助战的城郭诸邦15国。德效骞断言上述145人即布以鱼鳞阵的"百余人",因为145名罗马人并未投降,当他们见到郅支被杀后,即停止了抵抗,并且很可能仍然保持其难以攻克的队列。他们也可能自愿选择降服于中国人。于是,他们被安置在一个特设的边境城镇之中,该城就以汉代对罗马国或罗马人的称谓"骊靬"命名。

此外，他还从文化语言学上对此进行了论证。"骊靬"一名，是希腊Alexandria一名的缩音，本指埃及的亚历山大，因为中国人无法分清罗马与亚历山大两个地方。

《汉书·地理志》称，"骊靬莽日揭虏"，即王莽篡汉帝位后根据孔教"正名"之训，将骊靬改为"揭虏"，可以理解为：一为"攻城之战中俘虏之夷敌"，二为"夷人聚居繁衍"。也从另一侧面证实，确实是中国俘虏了这些罗马军团的兵士并将他们集中于靠近西部边境的这座城，使其戍边。

这座中国境内的罗马城，到公元746年西藏（吐蕃）人占领之前一直存在着。唐代著名学者颜师古曾考察过这座城中居民对该城名的奇特发音，认为当地人将该城中国名称中间的两个音合并为一个音，读成Lia-kh-ghian，他们很可能是用那种方法来表达Alexandria这一词中"x"的发音，因为这个音在汉语中是没有的。

为搞清这一支会摆"鱼鳞阵"的外国军队，澳大利亚专家戴维·哈瑞斯下了大量的工夫，得出了与德效骞教授相类似的结论。他所掌握的材料表明，公元前60年，罗马的庞培因征战有功而受元老院的褒奖。但当他以一个普通市民身份返回罗马时，他发现自己在政治上处于无能为力的地位，凯撒和克拉苏这时与他联合互助，形成了"三头同盟"。

公元前55年，出任叙利亚总督的克拉苏因为缺乏罗马人所敬重的军事上的建树，不顾手下将领的劝阻，急不可耐地发动了对帕提亚的战争。

公元前54年，他率4.2万人的军队入侵帕提亚。帕提亚军在卡雷（Carrhae）迎战。帕提亚军主要田阵地弓箭手组成，他们包围了罗马人，发箭如雨，经久不断，帕提亚骑兵在罗马步兵的冲锋之前便开始撤退，并在坐骑上向后张弓放箭，致使罗马人束手无策，他们唯有组成一方阵，立盾牌于方阵四周。这是一典型的罗马战术队形，即迭锁盾龟甲形攻城阵（testudo），而帕提亚军却从盾牌的上方及下方射入利箭，杀伤大量罗马军，克拉苏在这场战争中被杀，罗马军2万丧生，1万被俘，有近1/4

的士兵逃至叙利亚。一支部队则由克拉苏的儿子率领，经过10多年的艰难曲折，成为北匈奴的附庸。公元前36年汉军与匈奴一战之后，他们消失在中国境内。

然而，1962年著名的史学家余英时在其英文著作《汉代中外经济交通》一书中对德效骞的论点予以驳斥。他提出依照汉朝制度，设县至少要有几千人口，145名罗马军不可能设县。德效骞的推测根据不足，他可能是受了王先谦《汉书补注》的误导。台北专门研究秦汉史的学者邢义田也认为以上两说，谁是谁非很难认定。

1989年澳大利亚的戴维·哈瑞斯再度来华，寻求破谜途径。他与兰州西北民族学院历史系的关意权和在兰州大学任教的苏联专家弗·维·瓦谢尼金合作，在一份公元前9年的地图帮助下，确定了"罗马城"位于兰州西北约300千米的永昌镇附近，并准确地找到了这处废墟。

不过，这宗谜底的最后解开，还有待于确凿的考古证据。

查科文化突然消失之谜

美国西南部科罗拉多州的梅萨峡谷，一直到19世纪后半叶还是一个荒无人烟、不长寸草的地方。然而就在这峡谷里，有一座后来遐迩闻名的"悬崖宫"。整个宫殿宛如一座壮丽辉煌的城堡，一幢幢石筑的多层建筑物星散在城堡里，矗立在峡谷中央，四周被高耸入云的悬崖峭壁包围着，犹如屏障把它与外界隔绝起来。几乎在长达整整6个世纪中湮没于尘世，鲜为人知。直到19世纪末才被人发现，从此以其是原墨西哥北部古代印第安人一个分支阿拉撒热人的史前文化摇篮而盛名于世。

"悬崖宫"是在一个极为平常偶然的场合被发现的。1888年的一天，寒风呼啸，大雪飘飘，两个正在寻找因迷路而跑丢牛群的牧童，来到了梅

图 2-2 查科文化

萨峡谷。

他俩在白茫茫的蜿蜒曲折的山谷里朝前走着,突然眼前一亮,一群从未看到过的建筑物在峡谷底部出现。他们沿着陡峭的崖壁滑到了峡谷深处。一座宏伟的城堡顿时呈现在面前,他们走进城堡,发现许多器具,有黑白相间的陶制器皿,其中有的形状像动物,有简单的劳动工具,四周还有许多焚烧过后留下的灰烬。牧童的发现很快被传开,"悬崖宫"就此天下得名。

后来考古学家用了相当长时间在美国西南部进行艰苦的发掘工作,结果在犹他州、亚利桑那州、新墨西哥州都发现了类似的建筑物,其中以新墨西哥州西北部的查科峡谷最引人注目,也最典型。

11世纪中期到12世纪中期,是阿拉撒热人查科文化处于登峰造极的时期,他们在查科建立了由12个被称作普韦布洛(村镇)构成的雄伟壮观的城堡。当时这里是阿拉撒热人政治、经济、宗教的中心。阿拉撒热人过着母系氏族社会生活,然而他们创造的文明却令人刮目相看。他们在查科造起了一座座大大小小的石屋，每座屋子都用上万块石头堆砌而成，仅仅做横梁的松树木、针枞木就多达2万多根。

在那牲畜和轮子等运输工具尚未在美洲出现的年代，要从50多千米外的采石场和伐木场将巨石和大树运到峻险陡峭的山谷，确是一件令人赞叹不已、惊天动地的伟事。这些石屋中有的高达5层，房间多达近千间，花了半个世纪才建成。房间一般呈圆形，房顶为蜂箱形。房顶和屋内地上各开一个洞口。阿拉撒热人把房顶的洞口作为通向外面人间世界的进出口，靠梯子进出，地下的洞口，则是阿拉撒热人认为的人死后灵魂飘向阴间世界的进口处。

在整个建筑中还有一个奇特的被称作"克屋"的圆形屋子。最大的一间"克屋"，直径约达19米，纵深4.5米。屋内的音响效果特别好，两人在一头窃窃私语，另一头的人们则听得清清楚楚，甚至在屋内咳嗽、打喷嚏也如同雷鸣一般。

在房屋四周的山谷里，阿拉撒热人还建造起了梯田，种上了玉米、南瓜和豆类植物。为了对付干旱的气候，他们修建堤坝，营造水池，把山谷里淌下来的雨水收集珍藏起来，待到旱季到来，开沟掘槽，打开水闸，把水引向梯田。

为防荒年，他们常年储备了足够的粮食。他们穿的衣服都用动物的皮毛和棉花混合制成。当时阿拉撒热人虽然处于母系氏族社会时期，但已知晓天文和原始的艺术。至今在查科峡谷的法加达·巴特顶上还保留着当年他们修筑的"天文观测台"。一把像匕首一样的"阳光针"，插在垂直的石板中央，以此来测试春分、秋分、夏至、冬至。在悬崖峭壁上刻凿着一些至今不得解的图画。在谷地还发现了用绿松石做成的装饰品和用木管和鸟骨做的笛子。在查科还发现了数百条宽9米多的硬面路，条条路都直通悬崖顶，而且每隔12~16千米就建有一座普韦布洛，这些村镇的遗址至今还残存着。

种种迹象都说明，这里曾经是阿拉撒热人的政治、经济、宗教中心。

估计那时大约有 5 000 多人口。

阿拉撒热人在查科经历了从 11 世纪初到 12 世纪的一段空前绝后的创造力突发期,他们在那里创造了不可思议的史前文化,引起众多历史学家和考古学家的赞叹和重视。

但是,阿拉撒热人为什么要在荒凉贫瘠的峡谷中建造起那么多"悬崖宫"?阿拉撒热人又是怎样在这艰苦的地方建立起如此繁荣的城堡并养活那么多人口的呢?为什么查科文化从 12 世纪后半期就很快衰落,以至到了 13 世纪阿拉撒热人就此销声匿迹了?

对前面两个问题,至今没有一个人能回答,至于后面一个问题,有种种不同的说法。

有的认为是由于氏族内部不和,而为防御和抵抗外来入侵者,不得不抛弃这些城堡,在山谷峭壁上挖洞开始过新的洞穴生活。造成不和的原因可能主要是为了抢夺土地和水源。

有的认为是恶劣气候迫使他们离家出走,因为据历史记载,在 13 世纪 70 年代曾有一场长达 20 多年的大旱席卷了这一带地区。

还有的认为是人口繁殖过多,以致土地超负荷使用的结果。

然而这些说法都缺乏充分的证据来证实查科文化神秘消失的原因。如果说当时遭到外敌入侵,但到目前为止在峡谷废墟上仍未发现来犯者与阿拉撒热人发生对抗和搏斗的蛛丝马迹。

尽管阿拉撒热人已不存在了,但是他们的一些习俗至今还在美国的西南部流传着。不信你到美国的亚利桑那州、新墨西哥州去看看走走,说不定还能找到现代人住的普韦布洛土屋呢!

印刷术西传之谜

我国印刷术发明后，就逐渐向国外传播。首先是朝鲜、日本和东南亚诸国，之后又通过伊朗、埃及传及欧洲，这西传的经过颇为曲折，而且时间长达800年之久。我国在7世纪已经发明了印刷术，而欧洲正式开始采用是在14世纪末，这是什么原因呢？为什么印刷术不像造纸术、养蚕那样通过"丝绸之路"迅速传到西方呢？长期以来这一直是中外文化交流史上的一个谜，流行着不同说法。

图2-3 印刷术

揭开世界文化谜案

印加帝国计算机语言之谜

秘鲁安第斯山脉的崇山峻岭上有座神秘古城——马丘比丘印加古城遗迹，隐藏着消失了的印加帝国的神秘世界。据史料记载，印加帝国在15世纪末达到鼎盛时期，曾控制南美洲广大土地。后来，西班牙入侵者来到美洲四处掠夺屠杀，印加帝国于1533年在腥风血雨中消亡，印加末代国王图帕克·阿马鲁被斩首。印加人留下了不朽的建筑和谜一般的绳结，日前，科学家对上百个系有不同的绳结的绳束进行分析，发现了古印加人书写的秘密。

图2-4 马丘比丘印加古城

一直以来，科学家们就对这些绳结困惑不已——大多数文明早期都使用象形文字或图像，然而印加人（古代秘鲁土著人）留下的却是棉线和绳结，难道印加帝国没有任何形式的书写方式？若是这样，那国家大量的数据信息将如何保存和传递？这些绳结仅仅是算盘一样的计算工具，还是用来记数的，或者具有比记数形式更加复杂的书写形式——绳索的三维空间书写方式？

神秘的绳结被印加人称为奇谱，是用棉线、骆驼或羊驼毛线制成的。它是在一根主绳上串着上千根副绳组成。主绳通常直径为0.5~0.7厘米，上面系着很多细一些的副绳，一般都超过100条，有时甚至多达2000条。每根副绳上都结有一串令人眼花缭乱的绳结，副绳上又挂着第二层或第三层更多的绳索，编织形式类似古代中国人用于防雨的蓑衣。

在目前所发现的700个左右的奇谱中，大多数都是公元前1400年到公元1500年间打的结。不过，其中还有一部分只有1000年左右的历史。

一直以来，科学家拒绝承认奇谱是一种书面文件，而认为这些绳子是一种保存记忆的设备，即一种个人化的记忆辅助工具，顶多是一种纺织品算盘，而没有任何统一的含义。然而，随着研究的深入，一些研究学者越来越怀疑这个结论的正确性。

哈佛大学的考古学家格里·乌尔顿及其同事—数学家兼编织专家凯利·布热利通过电脑对这些绳索的各种元素进行长期的分析和研究，结果发现了奇谱代表的数字记录方式，并成功破译了第一个印加文字——印加的宫殿所在地：普鲁楚柯城。

此发现发表在《科学》杂志上。奇谱是一种与众不同的二维立体的书写体系，记载着5500千米帝国的信息。科学家为每一块"奇谱"都创建了相应的数据库，详细记录了它们的各种情况：绳索的大小、长度与颜色，垂挂的穗的数量，绳结数目，每股绳的旋转方向与次数、年代等，第一次系统地对奇谱进行分解与分析。他希望通过数据分析找到某些规律。

在现存700个左右奇谱中，科学家目前共收录有300K奇谱的目录。当他们在这个数据库中搜寻1956年在印加重要的政治中心普鲁楚柯发现的 21 个奇谱绳结的共同点时，结果令人震惊，他们发现了一个至关重要的数学联系——在某些奇谱的副绳上的绳结结合起来后，正好和另一个更为复杂的奇谱上的数字相同。这表明，奇谱曾被用来记录这个纵宽达 5 500 千米的帝国的信息。

乌尔顿说，奇谱代表的数字通常有三种：8 字结代表 1；长结依据其扭转的次数依次代表数字 2 至 9；单结代表 10、100 和 1 000 等等。0 结当然就简单了，根本不用打结，只在绳索上留一空段绳子就行。单根绳子代表几个数字，可能是小计或总和。假设一根绳子从上到下有一个 4 个单结串，再有一个 5 个单结串，还有一个扭了两圈的长结，这一绳子将表示数字 452。每一个当地的会计师将从下级得来的账目总和通过绳结的形式表现在奇谱上，并将这些数据汇总在一根主绳上，然后层层上递。这种交流可能曾被用在国家最重要的信息记录上，包括农作物的产量，国库的收入账目以及其他与人口、财政和军事相关的数据。

经过进一步的深入研究，他们还成功破译了第一个用奇谱记载的印加文字。他们认为既然不同的奇谱表示从不同区域收集到的数据，那么，一个单一的绳结位于其他结之上就可能是一个单词，表示的是这个地方自身或财政数据。其中，一种绳结的组合模式可能表示印加的宫殿所在地就是普鲁楚柯城，这很可能是从印加的奇谱上认出的第一个文字。

乌尔顿表示，这一发现有助于理解那些绳子中所蕴含的文字信息。乌尔顿先前的研究还发现，在陵墓中发现的奇谱还用作日历。有 730 根绳子吊在 24 个位置上，表示两年中的月份和日子。

乌尔顿说："可以充分相信奇谱是印加人的三维书写系统。如果它们只是为了帮助主人记住数字，是不必要那么复杂的。"

在乌尔顿看来，奇谱这一书写体系应包括：所用材料的类型（棉线或毛线），绳索的缠绕方向和结的方向（向前或向后）等。利用奇谱记录,印加统治者凭借广大的道路系统和政府体制就可以将食物、人力和原料从安第斯山脉的首都库斯本运送到其他众多下级城市。印加人的奇谱属于"会意文字"。

至今我们所知道的所有用于日常交流的文字体系都是书写、绘制或者雕刻在平面上,而奇谱与这些文字完全不同,是由一些三维立体的绳结组成的。如果乌尔顿他们是对的,那么奇谱将是世界上唯一一种三维立体的文字。除此之外,它还可能属于少数几种"会意文字"。会意文字中的字就像数字或者舞蹈符号,表示意思,而不像英文一样表示读音,比如玛雅文字和中文。虽然在我们看来,用结绳进行交流非常陌生,但是在安第斯文化中却有很深的根源。在安第斯文化中,纺织品从固定式样的包和束腰外套,到弹弓投掷的炮弹以及吊桥,都是人们交流各种信息和制造工具的方式。

乌尔顿说,破解奇谱密码对于了解在16世纪统治当时地球上最大的、至今还是谜一样的印加帝国,可能是一个"获得内幕的巨大的潜在资源"。但遗憾的是,目前还没有其他更令人信服的证据去证明奇谱的文字功能。乌尔顿说,对奇谱的深入分析将有助于揭开其生活细节,他们希望根据奇谱能告诉科学家这是否是骆驼、劳工或其他贡品。

不过,要破解印加人在奇谱中保存的信息,需要付出类似解读古埃及象形文字一样的努力。

谁是图书的开山祖

图书,即书籍、期刊、画册、图片等出版物的总称。据有关材料统计,当今世界,美国的图书出版发行量占据世界第一。图书是人们汲取知识、贮藏精神财富的宝地。那么,这块土地的"开拓者"是谁呢?至今聚讼纷纭，莫衷一是。

古代两河流域是人类文明的最早发源地之一。1889年~1900年，美国考古学家在伊拉克境内尼普尔（Nippur）的一个寺庙废墟附近发掘出许多泥版书，内容包括关于神庙的记载，献给巴比伦国神的赞美歌，祈祷文及苏美尔人的神话，等等。另外，从古代埃及的许多皇宫和寺庙的废墟中发掘出的大量历史遗迹和文物可以推断，在古代埃及曾有过数量不少的泥版图书。

图2-5 图 书

这种泥版图书，是用木棒在泥版上写书，而后放在火上烧制而成。据说在名为尼尼微的地方，曾发现亚述巴尼布王的一个图书馆，那里全是陶土烧成的书，共有3万块字板。每一种书都是散开的，只得在每块陶板上刻上书名和号数，才能查阅。

图书馆的印记上有这样的记载："亚述巴尼布王，战士们的王，诸民族的王，西西利亚国的王，Nepo神给予他聪敏的耳和敏锐的眼，使他能发现服于前代诸王的本国著作者的著作。为了尊崇理智之神Neko，我收集了这些书版，命令把抄写奉制成，并把我的名字刻在上面，存于我的宫中。"

这些书，有的是泥版，还有的是砖刻，年代大约在公元前650年前。据载，这种书都是一些平的或稍突起的泥版，版幅约为20×30厘米，是用削尖的干杆杆在泥版上划上字以后，在火里烧成的。

1986年10月7日的《人民日报》曾经报道，伊拉克的考古学家从巴比伦古城希帕尔发掘出来的萨马斯神庙里发现了一座世界上最古老的图书馆,"在图书馆的石头架子上,存放着近千块楔形文字泥板,它们被按内容分为宗教、经文、地理记述和语法课本等几部分。经专家们鉴定,保存在这座图书馆里的一部分楔形文字泥版始于公元前11世纪。据历史资料记载,希帕尔市建于公元前2000年。"

蜡板书的出现,有人说在希腊荷马以前,可以肯定是由罗马人发明的,一直沿用到19世纪初叶。据载,蜡书是先用黄杨木和其他木材做成小木版,在木板中心挖出一个长方形的糟,用以盛放黄色或黑色的蜡,内侧上下两角(相当于近代书的订口位置)凿有小孔,然后用绳穿过小孔,把许多木板串联起来,便成一本小书。最近与最后的两板上不涂蜡,以保护里面的蜡书不至于磨坏,大概这便是书籍封面的最初形式了。

蜡版的书写工具是用金属做成的针,叫 Stylus,也有用象牙和骨头做的。这种针,一端是尖的,用以在蜡版上划字;另一端是圆的,用以修改写错的字,与橡皮有同样作用。蜡版的底版,除木制以外,也有用金属和象牙做的。这种图书显然是十分精致的了。蜡版可以反复使用,多用作通信和记事。但蜡版上书写的字迹容易受磨而变得模糊,而且由于材料和工具的原因,不便于工整地缮写,一般都是草书,所以古代的蜡版,字迹是很不容易辨认的。

蜡版的使用者也颇为广泛,学生、僧侣、诗人、商人都用以记事、写诗和记账。在庞贝城曾经发现过有某银行家的家里所藏的蜡版书。这个城市早在2 000年前的一次火山喷发中被湮没了。

纸草是古代埃及的主要书写材料。公元前28世纪,埃及即已出现纸草古写卷。纸草并非是纸,而是生长在尼罗河岸沼泽地上的一种芦苇,一般茎高两米左右,有的比人还高。纸草制纸并不像后来的纤维造纸,而是用针把纸草茎部破成愈宽愈好的薄片,顺着平铺好,然后再横着平铺一层,如此纵横交错之后,再用尼罗河河水润湿,用木槌捶打,在太阳光下晒干,最后用骨头、象牙或贝壳打磨光整。这样做成的纸,可按

不同质地划分成不同等级。最好的纸称为"圣纸",最差的一种称为"商人纸"。

当时用的笔是把芦管削尖,并使它一端裂开(犹如近代钢笔尖的裂缝),以利于墨水下流。墨水是用比较黏稠的煤烟、水和胶混合制成的。一旦写错,就用海绵擦去或用舌头舐掉。传说在 Caligula 皇帝殿前经常举行的吟诗赛中,未获胜的不幸诗人,都要把自己的作品用舌头舐掉。这种纸草制成的纸,质地很脆,不能折叠,所以只能粘成长条,成为几米或 30~40 米的长卷,卷在一根两端雕刻有棋子状的花样装饰的木棒上。这正是西洋人称书为卷(Volume)的起源。目前,在法国巴黎国家图书馆收藏的普里斯纸草书卷(PrisesPapyrus)是公认的一部公元前约 2880 年写成的埃及最古老的图书。

另外,还有以树叶和树皮作为书写材料做成的图书。据说在古代印度,整部的书是用椰树叶做成的,把树叶的边压平,切成一定的形式来写书。拉丁人用树皮的里层 Iiber 来抄书,因而称书为 Lber,后来英文的 Library(图书馆)和法文的 Litrairie(书店)等就是从这个字演变而来的。

泥版书、蜡版书、纸草书、树叶和树皮书,一个接着一个排队向我们走来,那么,究竟谁是图书的开山祖呢?看来问题的解答还有待于新资料的发现和做进一步的研究。

拉丁字母表产生之谜

英国人说,中国古代科学技术上的三大发明,即火药、指南针和印刷术。传入欧洲后,为地理大发现和其后的产业革命,提供了重要的、不可缺少的条件,促进了历史的演变。我们说,像中国的三大发明一样,拉丁字母表是罗马文明对世界文化的一大贡献。

伴随着拉丁字母表的产生，罗马人不仅把拉丁语和拉丁文化普及到当时多民族的意大利全境，而且加速了此后罗马帝国境内各民族的罗马化进程。进入中世纪以后，拉丁字母表不仅被罗曼语族各国的语言（意大利语、西班牙语、法语和罗马尼亚语）以及日耳曼语族的某些语言（英语、德语等）所承袭，而且也为斯拉夫语族的天主教各国（波兰、捷克、克罗地亚等）所利用。

由于拉丁字母表比其他语言文字的字母表具有更多的优点，我国现行的拼音文字便借用了拉丁字母。此外，医学和生物学的科学术语大都用拉丁字母表示。

然而，拉丁文不是古代最早的文字，拉丁字母表亦不是世界上最早的字母表。拉丁字母表的诞生离不开东方文化的哺育。

众所周知，世界上有6种最古老的文字，即：西亚的楔形文字、埃及的象形文字、克里特线形文字、印度的哈拉巴文字、中国的甲骨文和中南美洲的玛雅文字。但这些文字不是字母文字，字母文字的出现较晚。

按古希腊人和罗马人的看法，有5个民族可能是字母表的创制者，即：腓尼基人、埃及人、亚述人、克里特人和希伯来人。所以说，最早的文字和字母表，绝大多数产生在东方。在古代，各大文明地区之间尽管比较闭塞，但也绝对不是"东方是东方，西方是西方，彼此从来无来往"。拉丁字母表的产生就是证明。

根据威廉·库里坎的研究，最早的字母系统见于叙利亚海岸的古代乌加里特。这个乌加里特字母表定年为公元前1400年左右，用的是30个楔形符号。最早的线形字母表是腓尼基字母表。这种字母始见于比布罗斯的阿希拉姆国王的石棺上面。该字母定年虽有不同说法（公元前13世纪，或前11世纪，或前10世纪，或约前975年），但一般学者倾向约公元前975年。以此推知，约公元前1200年，22个字母的腓尼基字母表似

乎已经产生了。

至公元前9世纪中期，希腊人从居住在希腊各地的希腊商人那里学会了腓尼基字母。在克诺索斯的一个克里特几何形墓中发现了公元前900年的腓尼基铭文。这证明，那时的腓尼基人与爱琴地区的希腊人已有文化交往。

希腊字母表来自腓尼基字母表，而希腊字母本身又分为东部和西部两个变体，其中东部变体的爱奥尼亚字母通行于希腊、小亚细亚及临近岛屿。雅典用的是爱奥尼亚字母。至公元前4世纪中期，爱奥尼亚字母取代其他字母，成为24个字母的古典希腊字母表。

关于拉丁字母表的产生历来众说纷纭，莫衷一是，但归纳起来，不外两种见解。

一种见解认为，希腊字母诸分支中有两个最大的分支：一是西里尔字母，9世纪时圣西里尔（约826年~869年）和圣美多迪乌（约815年~885年）根据安色尔体希腊文所创制；另一个是埃特鲁斯坎字母，产生于公元前9世纪或前8世纪初，通用于意大利中部的托斯卡纳人中，传留有许多铭文，但大都未被释读。西里尔字母后变为俄语、乌克兰语、保加利亚语和白俄罗斯语等诸民族的文字。同时，埃特鲁斯坎字母表则发展成拉丁字母表。

起初，罗马人从26个字母的埃特鲁斯坎字母表中借用了21个字母。公元前1世纪，随着罗马对希腊的征服，Y、Z两个字母被吸收进拉丁字母表。J、V两个字母是中世纪时代发明的，那以前，书写时用I、U代替之。最后，从罗曼语中增加W，这样便形成了26个字母的拉丁字母表。按照这种说法，古典的拉丁字母表当直接来自埃特鲁斯坎字母表，其受希腊字母表的影响则是间接的。

另一种意见认为，最初的拉丁字母表有20个字母（ABCDEF-HIKLMNOPQRSTVX），直接来自坎帕尼亚的库迈城的希腊字母表。该城是希腊优卑亚岛卡尔奇斯城的殖民地。拉丁字母表之所以有此种起源说，是因为某些拉丁字母的古老形式与库迈字母表的相对应的字母形式非常相似。

鉴于上述分歧和当今证据的匮乏，拉丁字母表产生的两种可能性均不能排除。不过，埃特鲁斯坎文字的释读必将使人们耳目一新。

古代典籍留存之谜

古代希腊和罗马创造了光辉灿烂的文化。在长达10多个世纪的漫长岁月里，希腊、罗马出现了众多的文化名人，他们勤奋创作，著述甚丰，给后人留下了无比珍贵的精神财富。当今天我们怀着激动而崇敬的心情拜读古典大师们的作品时，脑海中不禁会涌现出一个这样的问题：两千多年前写成的典籍是怎么保存流传至今的呢？

在古希腊罗马时代，没有纸，也没有印刷术，字是作者用羽毛或芦管当笔蘸墨水写在羊皮纸上的，然后装帧成册。谁要想得到一本书，一般的办法就是抄。当时的富贵之家，都有抄书的奴隶，因此书籍得以广泛流传。

可是公元476年西罗马帝国灭亡后情形就大不一样了。在原先帝国广袤土地上取代罗马人统治的是被称为"蛮族"的日耳曼人，他们都是些目不识丁的武夫，丝毫不知道羊皮纸典籍有何价值，将其肆意践踏。

在那种兵荒马乱的年代，多少名贵的书籍或付之一炬，或散佚殆尽。待社会初步安定以后，势力盘踞整个欧洲的基督教会一方面为实行愚民政策，另一方面为排斥异端，更是对希腊罗马典籍进行大规模有组织的摧残与毁坏。

早在公元391年，亚历山大的大主教提阿非罗下令将世界闻名的亚历山大图书馆烧毁,该图书馆历史悠久,建于公元前3世纪,藏有几十万册古典珍本。

教会一再发布读书禁令,教皇格利哥里一世宣扬"不学无术是信仰虔诚之母",鼓吹"知识服从信仰",认为与基督教信仰无关的知识非但无用,反而有害。他任职期间不仅颁布过禁读令,而且下令烧掉罗马城内巴拉丁小丘上一座藏书十分丰富的古罗马图书馆。教会人士和神学家还将大批羊皮纸书籍的原文刮掉,再在上面写有关基督教的东西。这样也毁灭了大批古书,还使部分古书错讹百出。此外有许多羊皮纸书则长年累月堆在禁室,蛛网尘封,虫蛀霉烂。

从公元6世纪到10世纪的欧洲黑暗时代,希腊罗马长期积聚起来的书籍宝库,经过无数次兵燹、劫掠、焚毁、刮削、虫蛀、霉烂,造成的损失是无法估算的。

尽管如此,估计多数古代希腊罗马羊皮纸典籍还是保存流传下来了,成为今天世界文化宝库中一笔极为珍贵的财富。那么,这些古籍是如何劫后余生的呢?

有一种意见认为,尽管基督教会是毁灭希腊罗马古籍的罪魁祸首,然而在保存古籍方面,它也有一份不能抹杀的功绩。首先要归功于修道院的抄录修士。

在6世纪的黑暗时代,东哥特王的宠臣、罗马贵族后人加斯奥多勒斯在自己开设的修道院中首创誊写室,专门抄录古典作品。圣本笃修会的创始人本尼狄克起草的会规规定,抄书是修士们的日课,并说只有日夜抄写,才能得到上帝的宽宥。

从此,抄录制度在西欧各地修道院迅速普及,不仅抄写数量颇大,而且质量亦为上乘,稿本完整,字迹工整,装饰精美。不仅修道院抄书藏书,连教皇也大力收集古典书籍。罗马教廷图书馆始创于4世纪,但13世纪的动乱使藏书散佚大半,15世纪,教廷在梵蒂冈重新建立了大型图书馆,该馆至今还是古代希腊罗马手稿的重要收藏中心。

教会人士为什么重视抄写和收集异教典籍——希腊罗马古书呢？对此人们有不同看法。

一种意见认为古典书本中有基督教可以吸收改造的东西，而且通过这种吸收改造，基督教思想更有力量。他们举例证明，托马斯·阿奎那就是在吸收了亚里士多德的思想后才成为经院哲学集大成者的。此外，托勒密的天文学地心说也被教会用来证明上帝创造和主宰一切。

另一种意见则认为基督教不是铁板一块，内部常有异端出现。他们热心于希腊罗马古籍的收集、整理与阅读，以创立自己的学说。

还有一种意见认为，10世纪以后，随着欧洲工商业城市的发展，人们对古典医学、数学、天文学、地理学、生物学、工艺学知识的需求不可阻遏，教会作为知识阶层，不能无动于衷，到底哪种说法最有道理，人们只能见仁见智了。

通过修士们的抄录和教会收集保存和流传下来的古籍确实不少。有人说，修士们把6世纪以来可以见到的羊皮古籍都抄下来了，并认为保存至今的希腊罗马古书基本上是经他们抄写流传下来的。

这种说法值得怀疑，因为第一，有不少古籍早在日耳曼人攻占罗马城之前就佚亡或流失到外邦去了；第二，有些书，由于犯禁而没有抄写，或者即使抄了又被刮掉、销毁；第三，不少书在抄成后又散失了。此外，由于羊皮纸来之不易，也有把库存古籍刮掉抄教会书籍的。因此，除了教会以外，是不是还有其他保存羊皮纸典籍的途径呢？

有的学者将保存希腊罗马羊皮纸典籍的头功归于阿拉伯人。自7世纪开始，阿拉伯人在长达几个世纪的扩张过程中，攻占了地中海沿岸大片原属希腊罗马统治的区域，直接接收了大量珍贵的希腊罗马古籍。而且阿拉伯统治者实行开明的文化政策，尽量搜罗各国书籍，甚至不惜动用军队劫书。

9世纪，哈里发马蒙在巴格达建立了宏大的图书馆，并且将搜集到手的古书译成阿拉伯文。这些书到 12 世纪以后又流回欧洲并被译成拉丁文。当时的译书中心主要是刚刚把阿拉伯人赶走的西班牙的托利多，其次是接近阿拉伯世界的西西里。一时间，阿拉伯人的作品迅速流行开来。后来，欧洲人将希腊古书直接译成拉丁文（罗马典籍原来是拉丁文写的，无须翻译）。有人估计，阿拉伯人收集的希腊古书比欧洲修道院保存的还要多，特别是医学和自然科学方面的著作。这些后来都陆续译成了拉丁文在欧洲流行。

还有人认为拜占庭才是希腊古文献的最大保存者。在西欧黑暗时代，大量羊皮纸典籍遭毁，而拜占庭保存并收进了无数古代书籍。当时的拜占庭皇帝君士坦丁七世大力提倡学术与艺术。拜占庭的藏书后来虽然在 1204 年与 1453 年遭到十字军和土耳其两次劫掠，但其时西欧黑暗时代已经过去，拜占庭散失的典籍又流回到了欧洲。所以有人把拜占庭称为古典文化的保存者，并且认为如果不是拜占庭，今天的人们将无法看到荷马、柏拉图、索福克勒斯甚至亚里士多德的伟大作品。

上面种种说法都有一些道理，但都不是最后结论。现存的古代典籍究竟是怎么保存流传下来的，人们尚难确切断定。

养蚕技术西传之谜

中国是世界上最早养蚕的国家。据史料记载中国用蚕丝织造衣物已有近 5000 年历史。中国的丝绸很早就享誉海外，受到中亚、西亚和欧洲人的喜爱。在历史上，外国商人来往于东西方之间贩运中国生产的丝绸，逐渐形成了沟通欧亚大陆和"丝绸之路"。后来中国的养蚕技术传到了西方，大约在 4 世纪时传到了中亚、西亚。6 世纪传到了东罗马人建立的拜占庭帝国。关于养蚕技术西传的经过历来说法不一。古代中国的养蚕技术对外严格保密,因而其西传过程也染上一些神秘色彩。

图 2-6 蚕

据拜占庭历史学家普洛科庇阿斯在《查士丁尼战史》中记载,有几个印度和尚在 6 世纪时来到拜占庭首都君士坦丁堡。当时波斯商人以高价在那里出售丝绸,牟取暴利。这些印度和尚向查士丁尼皇帝献策,说他们有办法让拜占庭不再向波斯和其他国家购买丝绸。他们曾在一个叫赛林达(大约是新疆一带)的地方住了很久,发现产丝的是一种虫,丝从虫的口中吐出。要从该国带走虫是不可能的,但是有可能把虫产的卵带来孵化。查士丁尼答应事后重赏他们。后来印度和尚果然取来虫卵,依法孵化,得到许多虫,以桑叶喂养,于是拜占庭境内能养蚕缫丝。

与此相类似的还有一则波斯人为查士丁尼取来蚕种的史料。7 世纪时,另一位拜占庭历史学家梯俄方内斯记载,皇帝召见曾在中国住过的波斯人,他们答应为查士丁尼寻找蚕种。他们绕道南高加索地区去中国,过了两年,大约在公元 553 或公元 554 年左右,带着蚕种返回拜占庭。蚕种是藏在空心手杖中带来的。

在他们的指导下,拜占庭成功地养出了蚕,并结出了蚕茧。至此,拜占庭帝国首次使用在西方生长的蚕所吐的丝作为纺织丝绸的原料。在英国历史学家吉本所著的《罗马帝国衰亡史》中也记述了与此相同的故事。

对这两则蚕种西传的史料,历来都有学者表示怀疑。蚕卵放在空心手杖中藏一年多,这在养蚕技术上是说不通的。中国学者雷海宗从另一

方面对这些史料持否定态度。

他在《世界史上一些论断和概念的商榷》一文中认为:"中国向来对养蚕法没有保守过秘密,日本和所有远东国家的养蚕技术,都传自中国。至于拜占庭在6世纪中期如何由中国学得此术,当时中国并未注意,也无人主动地向外传播养蚕法。少数人编造这样一个故事,一方面是故意神秘其说,以便抬高蚕桑的地位,另一方面是贼喊捉贼,这是他们自己一个不可告人的秘密的无意反射,因为他们学得养蚕术后,立即定为国家的秘密,禁止外传,以便拜占庭政府可以垄断。欧洲的历史学家不假思索地传播了1 400年。"

与养蚕技术西传有关的还有玄奘在《大唐西域记》中记载的一个故事。在今天新疆的和田(旧称于阗),古代有一个叫瞿萨旦那的国家。该国向东国(中国)求取蚕种,但是东国国王秘而不赐,还严令边关禁止蚕桑种子出口。于是,瞿萨旦那王想出一个巧妙的办法,以卑言厚礼向东国公主求婚,获得了允准。

迎娶公主时,瞿萨旦那王告诉迎娶公主的专使说,你告诉东国公主,我国没有丝棉,她可以把蚕桑种子带来,将来为自己做衣服。公主听了专使的话,就秘密地弄了一些蚕桑种子,放在自己的帽子里。

到了边关,官员虽然仔细搜查,但始终不敢检查公主的帽子。蚕桑种子就这样到了瞿萨旦那,当地人开始养蚕。刚开始时,桑叶不够,蚕还要吃些杂树叶子,但没几年就桑树成林,蚕宝遍地。公主还刻石为制,严令保护蚕桑,不许损伤。

这个故事还见之于藏文的《于阗日记》。这本书把东国称为中国,娶公主者是于阗王尉迟舍耶。1900年,英国考古学家斯坦因在于阗丹丹乌里克遗址中挖到一块古代画板。画板上共画了4个人,中央绘着一个盛装的贵妇,头戴高冕;右侧画着一个人拿着一台纺车;左侧地上放着一个盛满蚕茧的篮子,有一个侍女,手指着贵妇的高冕。这块画板上画的就是玄奘所记东国公主秘密带蚕茧种子过关的故事。

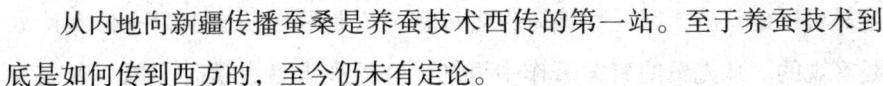

从内地向新疆传播蚕桑是养蚕技术西传的第一站。至于养蚕技术到底是如何传到西方的,至今仍未有定论。

谁是世界上的第一位女诗人

世界上最早的一位女诗人是谁?有人认为萨福可以说是古代希腊、也是世界上第一位有史可查的女诗人。这一观点在西方似乎已成定论,我国不少专著也赞同此说。

萨福,据史书记载,约生于公元前612年,这时正是希腊文化极盛时期,其诞生地是爱琴海上莱斯博斯岛的一个叫伊锐索斯的城市,6岁时随母迁移至岛上最大的城市密蒂林,并在那里定居。萨福17岁开始写作,直到55岁逝世,著有诗集九卷,每卷有1 000行以上。她的诗以抒情为主,风格朴素自然,感情真挚强烈,在古希腊备受推崇。古希腊人称她是"无与伦比的女诗人",就象人们称颂荷马为"无与伦比的诗人"一样。人们又称她为第十艺文神女,在古希腊神话中司艺文的神女共9人,那萨福即是第十诗神。

由于萨福在诗中歌唱自由,歌唱爱情和友谊,歌唱人类幸福,所以受到中世纪禁欲主义者的嫉恨,她的大部分作品都在中世纪被基督教会焚毁了,如今保留的只有两三篇较完整,其余都是断片,总共不到500行,仅及她全部著作的5%左右。

不过有中国学者以为,这个观点值得商榷。其实,在我国第一部诗歌总集《诗经》里,已有女子所作诗篇了。南宋著名理学家朱熹在集注《诗集传》中就曾指出《诗经·鄘风·载驰》的作者就是女子,她就是春秋时代的许穆夫人。

从《诗经》中可知:《载驰》一诗因为有特殊记载,又参之诗歌的内容是可以确认的，因此称该诗作者许穆夫人是我国历史上第一位女诗人是客观的。从先秦的有关著作中可知，许穆夫人是春秋时卫国宣姜之女和卫戴公之妹，因为嫁给许国国君穆公为夫人，故有此称。纵观我国文学发展史上女诗人和女词人所作，大多描写个人身世、不幸遭遇、离愁别绪、婚姻不谐以及对婚姻自由的热烈向往、对幸福生活的强烈追求等等，而许穆夫人早在2 000多年前的诗作《载驰》中就为我们留下了一篇充满爱国激情的不朽诗章。

春秋时代，群雄并起，列国纷争。公元前660年，狄人伐卫，朝政不理、专好养鹤的卫懿公迅速失去民心，狄人大败卫师于荥泽，并诛杀卫懿公。与公交厚的宋桓公连夜率师将卫国的败亡之众约5 000人接到黄河，居于漕邑，并立懿公之子戴公为君。第二年，戴公不幸而死，文公即位，不久又死。《载驰》一诗即作于许穆夫人返回漕邑吊唁卫文公期间。

卫国的生死存亡已经到了紧急关头，许穆夫人毅然决定返卫吊唁兄长卫文公，并与祖国人民商讨对策。恰在这时，许国君主特意派大夫赶来劝阻。在古代，女子出嫁后一切都受丈夫家管束，毫无行动自由，况且她又是君之妻，处事更要慎重。她明白，倘若坚持返回卫国，则有违犯君命之罪，虽为君妻也有被杀的危险；如果不返回卫国，那又置危亡之中的祖国于何地？强烈的爱国之情，终使她坚定了返回祖国的决心：任何人任何力量都无法阻止我回到卫国去！从全诗来看，《载驰》和《诗经》中的许多优秀诗歌一样，已具备了诗歌创作的一些基本规律和特征，体现了她那高超的艺术表现技巧。

这首动人心魄的爱国主义诗作，在当时就被广为传诵，所以被收入《诗经》。西汉末年，刘向在编《古烈女传》时，就曾专为许穆夫人立传，盛赞其"慈惠而远识"，对她倍加推崇。

那么，这一事实为何不被后人所重视呢？原因大致有两点。

1.《诗经》中各篇诗歌的作者，绝大部分都已不可考。一些贵族文人的作品，除少数在诗中偶尔留下名字外，大多数也无作者可考。汉代《毛诗小序》在解释各篇诗歌时，往往把诗说成是某王、某妃、某公以及其他历史人物所作。如说《关雎》是周文王后妃所作，《七月》是周公旦所作，等等，实际上均不可靠。因此，即使是正确的记载，也会引起人们的误解。

2. 有关《诗经》作者问题的研究，在我国一直是薄弱环节，至今尚无专文发表，没有引起人们的重视。翻开一些中国文学发展史专著或大学教材，均一笔带过，对许穆夫人更是略去不说。这样，自然不会产生什么影响。

除此之外，其他一些国家还有不同的说法。看来，世界第一位女诗人的桂冠究竟花落谁家还需要进一步地研究、探讨。

二进制的发明与《周易》有关

莱布尼茨是德国自然科学家、数学家、唯心主义哲学家，出身于大学教授家庭。早年曾就读于莱比锡大学，担任过外交官、宫廷顾问、图书馆馆长等职务，是柏林科学院的第一任院长。曾旅居法、英、荷等国，与当时欧洲著名科学家和哲学家如惠更斯、牛顿、霍布斯、斯宾诺莎等人都有交往，同牛顿并称为微积分的创造人。

他改进了帕斯卡的加法器，设计并制造了一种手摇的演算机，提出了他认为是和中国"先天八卦"相吻合的二进制，影响到后来计算技术的发展。

在逻辑学上，他最先提出充足理由律，并用数学方法研究有关的逻辑问题，是数理逻辑的先驱。

在哲学上，他早年曾受笛卡尔、霍布斯、斯宾诺莎等人的影响，倾向于机械唯物主义，后建立自己客观唯心主义体系的单子论。他认为世界上一切事物都是由单子所构成，各种单子具有不同程度的"知觉"。最低级的单子只有一种"微知觉"，即模糊昏暗的"知觉"，如无生命的东西；高级的单子则具有"反省的知觉。"一切事物根据单子高低的不同，形成一个连续发展的系列，表现为从低级向高级的过渡，而系列的顶点，最高级的单子，就是上帝；其他单子都是由上帝创造和支配，上帝预先安排整个世界各种单子和谐协调，他称之为前定和谐。

在认识论上，他反对洛克的经验论，认为认识不是来自外界事物，而是先验的，是心灵自身所固有的潜在观念的显现。把真理分为必然真理和偶然真理。其唯心主义体系中含有一些辩证法因素，马克思主义经典作家对此曾加以肯定，如列宁说："莱布尼茨通过神学而接近了物质和运动的不可分割的（并且是普遍的、绝对的）联系的原则。"（《列宁全集》第38卷第427页）莱布尼茨的主要著作有《人类理智新论》《神正论》《单子论》等。

关于莱布尼茨发明二进制与《周易》有关与否，至今仍众说纷纭，主要有以下几种观点：一种认为《周易》中含有二进制数学思想，最近推行一种二进位 Baee2 数学。以二进位法厘定64个六爻卦的方法，因每卦由六条线组成，把0代表阴，1代表阳，从而算出每卦的次序。

持这种观点的人认为，《易经》为西方科学家所认识，便是由莱布尼茨开始的。《中国科学技术史》的作者、英国剑桥大学的李约瑟曾经对莱布尼茨的生平作了深入的研究，认定二进制数学的起源应追溯到八卦，追溯到《易经》。李约瑟认为，莱布尼茨的创造是受到了东方这些古老图书的启示而完成的。

传说莱布尼茨年轻的时候，游历巴黎，在那里发明了对数表，顿觉自负，恰好一个曾经到过中国传教的教士带了一轴名为《伏羲六十四卦方位图》，以拉丁文翻译的画卷送给他。莱布尼茨对此非常感兴趣，批阅之余，经常对它苦思冥想，终于有一开豁然开朗，想到建立二进制，并把自己的数学发明弃置一旁，大赞东方人的智慧。他以二进位数学阐明六十四卦的奥义；八卦中一两个符号及其排列方法，可以贯通等差级数、等比级数、二元式（二进位）、二项式定理、逻辑数学以及音响、电磁波、连锁反应等原理。

另一种意见认为，17世纪末叶，莱布尼茨在与华传教士闵明我、白进等人的通信联系中知道了《周易》和八卦图。莱布尼茨将其与他在1666年发明的二进制法相比较后，惊异地发现两者之间的思想和数学表达方式有着惊人的共同之处，他做梦也不曾想到，他的得意发明会在3 000年前的伏羲先天八卦图中早就有所表达。钦佩激动之余，莱布尼茨写信给当时的中国皇帝康熙，要求加入中国籍。不知由于中国方面的原因，还是德国的优厚知识分子政策，致使莱布尼茨改变了主意，这件事终于没能实现。要不，创立微积分的这一近代数学史上的程碑可就树立在中国了。后来他还是在法兰克福创立了一所中国学院，直到二次大战才毁。

还有一种意见认为，莱布尼茨发明二进制与《周易》无关。这种观点认为，《周易》卦序与二进制数学丝毫没有关系。甚至对于宋代邵雍所创制的六十四卦方图和圆图，有学者指出，它"不能算二进制数学"，它们"只不过可以译成二进制数码，却并不蕴含二进制算法"。

中国学者郭书春在1987年11月17日《科技日报》著文认为，只要列出莱布尼茨发明二进制与其传教士白进的交往时间表，就可真相大白。

1679年3月15日，莱布尼茨的《二进位数学》初稿脱稿；

1696年，莱布尼茨重新关注二进制问题，设计了一枚以二进制表为背面的纪念章图案送给奥古斯特大公。他还向赴中国的传教士介绍了二进制原理；

1697年，莱布尼茨开始与在中国的法国传教士白进交往；

1701年2月15日,莱布尼茨写信给白进,详细说明了二进制原理,白进收到信后才发现中国的六十四卦图与二进制有共同点;

1701年11月4日,白进从北京给莱布尼茨写了一封长信,转告他这个发现,1703年4月1日,莱布尼茨才收到这封信,他欣慰异常,并立即复信指出,白进将六十四卦图与自己的二进制联系在一起,使得中国人千年以来不可理解之谜得到了解答;

同年4月7日,莱布尼茨决定将他修改补充的论文《关于仅用0与1两个记号的二进制算术的说明,并附其应用及据此解释古代中国伏羲图的探讨》再送巴黎科学院,要求公开发表。自此,二进制公之于众。

然而,白进和莱布尼茨都没有搞清楚,他们所说的"伏羲六十四卦图",既不是出自《周易》,更不是伏羲创造的,而是出自北宋哲学家邵雍之手。邵雍的排列,与二进制有共同点,但尚不能说是完整的二进制。

这些说法究竟是耶,非耶,至今还是一个谜。

耶稣裹尸布之谜

相传,耶稣被他12个门徒中的一个叫犹大的出卖,在受尽折磨后被钉死在十字架上。耶稣死后,他的另一门徒约翰用一块裹尸布将其尸体精心包好后放在哥尔高扎的一个石洞墓里。

3天后,几个去石洞吊唁的妇女发现耶稣复活了,这个日子后来成为基督教的重要节日——复活节。然而,就在耶稣复活后,他的那块裹尸布却不翼而飞了。

本来,这一传说带有明显的宗教神话色彩,人们当初并没有信而

图 2-7　耶　稣

当真。然而到了1353年，居住在法国巴黎附近领地的夏尔尼伯爵突然宣称，他保藏着耶稣受难时的那块裹尸布。这一消息对基督徒来说，无疑是个极大的震动。遗憾的是，夏尔尼伯爵尚未说出裹尸布的来龙去脉就很快病故了，从而把这块裹尸布突然出现之谜也永远带进了坟墓。不过，对于一些基督徒来说，他们对这块裹尸布却是深信不疑的。

4年后（1357年），这块来历不明的裹尸布终于在夏尔尼伯爵领地利莱教堂的祭台上公开展出，吸引了大批朝圣者。当时法国基督教徒与天主教徒矛盾日益尖锐，裹尸布公开展出后，立即遭到当地天主教主教的反对，他要求停止展出这块裹尸布，并断言它是赝品。

1389年主教的继承人在写给教皇的信中指出，有一个不知名的艺术家已经承认，所谓耶稣裹尸布实际上是出自于他手笔的艺术品。因此教皇克里孟特七世下达教谕，只允许在说明这块细亚麻布不是真正的耶稣裹尸布，而只是艺术品的情况下才能向基督教徒公开展出。但是，法国的基督教徒们无视教皇的教谕，他们认为那个不知名的艺术家是在严刑拷打下而被迫承认的。到了15世纪，萨伏伊公爵路易斯将裹尸布从利莱转移到著名的尚贝里大教堂。

1532年，尚贝里大教堂失火，裹尸布虽被抢救了出来，但因贮放的银盒融化，落了几滴在裹尸布上，使它遭到了一些破坏，同时消防用水也在布上留下了污迹，但布的中心部分依然完整无损。1578 年，裹尸布被迁往意大利北部的都灵，存放在都灵大教堂的圣坛上。时至今日。由于社会上对耶稣裹尸布的真伪众说纷纭，1898 年，都灵大主教终于同意一批科学家对裹尸布进行考察研究。人们发现这块亚麻裹尸布上留有一个明显的影像——一个裸体、有胡子、留长头发的男人的图像。其大小同实际人体相等，死者的面容安详，其身体上留有鞭痕和钉痕，布上相当于死者的头、手、腰、足部位都有斑斑血迹。有人认为，裹尸布上的影像很像《福音》书上所描述的耶稣受难时的形象，并断定这就是大约 2000 年前约翰用来包裹耶稣尸体的那块圣布。同时，有历史学家试图通过历史文献证明耶稣裹尸布的存在及其真实性。

例如，经英国历史学家威尔逊考证认为，耶稣当年受难时，耶稣的门徒确实曾用细亚麻布包过耶稣的遗体，这块裹尸布曾长期保存在耶路撒冷，后来它又传到了东罗马帝国的首都君士坦丁堡。而且据记载，13 世纪初一个叫克劳里的编年史家声称他本人于 1203 年在君士坦丁堡目击过耶稣的裹尸布。第四次十字军东侵时（1202 年~1204 年），君士坦丁堡被十字军所占领，当时一些十字军骑士也曾见过耶稣裹尸布，然而事后这块裹尸布就失踪了。有人猜测，1357 年在法国夏尔尼伯爵领地利莱教堂展出的耶稣裹尸布，就是十字军东侵时从君士坦丁堡窃运而来的。同时，这些相信者们还发现：裹尸布图像上的脸型、披肩的发式及胡子都属于公元初的犹太人型，并且，裹尸布上的形象与圣西娜山上叶卡捷娜教堂中的圣像有 45 处相似，而与查士丁尼二世时货币上的圣像有 65 处相似。在图像的眼部发现有 1 世纪铸造的钱币痕迹，这证明死者的时间是 1 世纪，与耶稣遇难的时间相吻合。

然而，不信者们也有自己的理由。他们认为，裹尸布的人形属裸体形象，这与当时的习俗相违背，因为通行的耶稣受难形象是穿着希腊长衣，或者腰间束有大腿绷带。同时，他们还发现，裹尸布上的耶稣形象留有发辫痕迹,而中世纪的几乎所有圣像都没有发辫。由此,他们认为裹尸布是伪作。双方的争执持续了几百年。

1978年,为纪念裹尸布迁移都灵400周年,再次举行了公开展出。各国科学家云集都灵,用各种现代科学方法对尸布作了实物检验研究。纺织学家发现,在古代中东地区常以亚麻布作尸衣、尸布,而这块亚麻裹尸布明显具有古代耶路撒冷地区的特征。同时,有科学家还发现在裹尸布上含有一些花粉,这些花粉大部分是属于生长在耶路撒冷的植物花粉。因此他们断定:裹尸布肯定有一段时期是在耶路撒冷保存过的。但是马上有人提出反驳,他们指出,花粉是可以随风飘荡或被鸟类带到很远的地方的,而裹尸布恰恰在几个世纪中被放在露天场上展出过,因此用花粉来证实裹尸布真实性的论点就有些靠不住了。于是,有人提出用放射性碳断代法来测出裹尸布的确切年代,以此来证明裹尸布确系1世纪的产物,但未能得到允许,因为用这种方法会破坏掉一部分原物。

正当欧洲的科学家们争执不下的时候,从大洋彼岸的美国却传来了不同的研究结果。

首先,科学家们提出了一个一致的结论,认为这块裹尸布不是一幅画,因为裹尸布上没有发现颜料的成分,至于裹尸布图像的形成,他们通过1532年的那场火灾所提供的线索得到了启发,断定这是由别人巧妙地用轻微的焦痕构成的。

其次,通过对尸布上的"血"迹的研究表明,裹尸布上留下的"血"迹确系人血。但经分析发现,"血"迹部分拍摄的底片上呈白色,证明尸布上的血迹是阳性的,而人体影像却是阴性的,这说明尸布上的血不是来源于尸体,而是后来加上去的。

由此,有些科学家断言,裹尸布上的耶稣图像是伪造的,这块亚麻布根本不是传说中的耶稣裹尸布。

然而,这是否就能用来完全解释裹尸布的奥秘呢?科学家们对有些问题至今不解：裹尸布上的图像是立体形的，但古代人是否能掌握立体成形技术？如果裹尸布上的图像是由焦痕形成的，那么要有怎样的烧烫技术才能绘制出这样一幅图像呢？还有，历史上真的有过耶稣此人和耶稣裹尸布吗？

埃及玻璃何时传入中国

在世界科技发展史上，最早制造玻璃的民族是埃及人。据说在上古时代以前，埃及人采用苏打做溶剂的方法从沙中提金，偶尔发现了制造玻璃的方法。那时埃及人制造玻璃的原料是一种钠和钙的硅酸盐类的自然物，通常取之于苏打和石灰石，比现代玻璃含有更多的铁和铝的氧化物，以及氧化锰和碱，另外还常有少许的镁。

埃及人最早制造的玻璃器皿是乳色玻璃，它是用埃及被称为雪花石膏的方解石精制而成，具有乳白色的半透明性质。到了公元前1580～公元前1314年的埃及十八王朝时，埃及已拥有许多玻璃工人，能制造出各种透明和半透明的玻璃器皿和珠子。

中国古代最早出现的玻璃并非国内制作，而是由埃及辗转引进，这是科技史研究者已经达成的共识；但是，古埃及的玻璃是在何时传入中国的呢？在这一问题上存在着一些不同的看法。

有一种说法认为是在公元前1001～公元前947年的周穆王时期传入的。据《十洲记》记载，西湖曾经向周穆王进献被誉为"白玉之精"的玉杯。这种杯又称作夜光常满杯，一直被误认为是用祁连山玉（即酒泉玉）所制造。但穆王的夜光杯，即使不是完全透明的玻璃杯，也很像是用埃及乳色玻璃所造的雪花石膏杯，而祁连山玉多以绿玉为主。

古籍所载的夜光常满杯，以"白玉之精"这样崇高的称颂来衡量，和祁连山玉这种碱玉实不相称，因此其来源应当是个遥远的文明古国，这样的文明古国，当时只有以生产雪花石膏和玻璃著称的埃及才有可能。

据此人们认为在公元前10世纪，由居住在中国西北的伊朗语系民族进献的夜光杯，应是埃及用雪花石膏制成的乳色玻璃杯。

但不少学者怀疑此说只是一种假托和猜测。他们认为，近年来考古发掘提供的实物表明，南方沿海地区自公元前5世纪以来，到三四世纪一直是中国玻璃制造的重要基地。广州至少在公元前2世纪起，即已拥有自己的玻璃制造业，它的兴起很可能和印度有过技术上的交流。因为埃及玻璃要远销中国，不论陆路或海道，都必须经过南亚次大陆，因此中国最初知道埃及玻璃，都从印度运入。

这些事实表明，埃及玻璃制品大致从公元前2世纪便已开始流入中国，一直继续到五、六世纪。个别的可能早在公元前6世纪，已有精制的埃及玻璃珠流入长沙了，因为在属于前五六世纪年代的长沙楚墓中已发现了埃及的蜻蜓眼式玻璃珠。从北方运进中国的玻璃大都经过帕格曼，由南方输入的玻璃大都由南印度、中南半岛诸国转运。

如果说在埃及玻璃何时传入这一问题上尚难达到比较一致的结论，那么在由此引出的埃及玻璃制造技术何时传来这一问题，同样存在着相异的见解。

一种长久流传的说法认为是在5世纪上半叶由大月氏输入中国。持这一说法的人认为，《魏书》卷102《大月氏传》曾经记载，在北魏太武帝（424年~452年）时，有个自称"能铸石为五色玻璃"的大月氏商人来到北魏首都平城（山西大同），在那里烧炼玻璃，获得了光泽胜过西方玻璃的成绩，并建造了一座可容百人的玻璃宫。由于大月氏玻璃工匠传授了制造五色玻璃的技术，使得当时的中国北方有能力成批生产彩色玻璃。这个精通玻璃制造法并贩运玻璃制品的大月氏商人，大约正好来自

亚洲南部的玻璃制造中心塔克希拉，那里由于素来与古埃及的玻璃制造业交流技术，一直在玻璃制造方面处于领先地位。

与此不同的一种见解是，还在3世纪时我国南方与非洲有直接交通的交州、广州沿海一带已首先从埃及引进了先进的玻璃制造技术。东晋著名的炼丹术家葛洪在《抱朴子·内篇》中已提到了仿造埃及玻璃碗，使玻璃制品进入日用器皿领域。

交、广两州的设置在3世纪初，三国孙吴统治交州，公元225年始分交州为交、广二州，从这以后，两地便开始有仿造埃及水晶碗的工场了。两州与埃及之间的贸易十分频繁，很早就接触到埃及透明玻璃的制作技术，因而很快便研究出埃及玻璃之所以比其他地区的制品精巧，首先取决于五种成分的配制。这五种成分就是硅土、苏打、石灰、镁和氧化铝，都有一定的配制比例。这与现代科学对埃及古玻璃的鉴定结果是相一致的。

埃及玻璃碗由于它的耐高温性能，比中国玻璃碗更能适应骤冷骤热的要求，因而在当时具有更多的实用价值。广州玻璃制作业通过吸收先进的埃及工艺，便能按照埃及玻璃的配方，制造出本国生产的单色或多色透明玻璃碗。

这一创举，使中国南方的玻璃制造业大步向前推进，远远超过了北方黄河流域的传统玻璃制造业。不过这种工艺上的突破和创新，受到了地理上和行业上的严重局限。埃及水晶玻璃制作技术传入广州以后，因销路不广而很快失传了。直到18世纪乾隆年间，这种制作方法才再次由欧洲天主教士传入宫廷。

由此看来，在古埃及玻璃及其制作工艺何时传入中国问题上要达成比较一致的结论，还有待于考古发掘的新发现及科学研究的进一步努力。

谁是杀害普希金的凶手

1799年，亚历山大·谢尔盖耶维奇·普希金出生在莫斯科一个贵族地主家庭。《鲁斯兰和柳德米拉》《叶甫盖尼·奥涅金》等诗作为作者赢得了"世界第一流大诗人"的崇高声誉。1837年2月，普希金在与一个法国保王党人的决斗中惨遭杀害。当读友们在欣赏普希金那隽永而富有哲理的诗句之余，必定对杀害诗人的凶手感到愤慨。

事情的经过是这样的：1828年12月，普希金在莫斯科一个舞蹈教师举办的家庭舞会上结识了"莫斯科第一美人"娜塔莉娅·尼古拉耶芙娜·冈察罗娃，两人一见钟情，不久便正式宣布结为夫妻。当时，诗人正在沙俄政府外交部供职。他的夫人经常出入上流社会。

1834年，一位法国波旁王朝的亡命者乔治·丹特斯来到普希金夫妇所在的彼得堡，在沙皇禁卫军骑兵团任职。外表潇洒、生性风流的丹特斯很快结识了冈察罗娃，并且开始如痴如狂地追求她。在这种忍无可忍的情况下，诗人受不了这种侮辱，他为了维护自己的名声而向丹特斯要求决

图2-8 普希金

斗。在决斗场上，丹特斯趁诗人还没有做好准备就首先开枪，使普希金受了致命的重伤，不久便溘然而逝，过早地离开了人世。彼得堡有数万人到诗人生前的住所凭吊，人流络绎不绝。各家报纸在刊登噩耗时说："俄罗斯诗歌的太阳陨落了！"

人们在怀念普希金的《诗人之死》中写道："一个法国纨绔子弟，用罪恶的手，扼杀了美、自由和诗。整个俄罗斯在哭泣，全体俄罗斯人愤怒了：交出丹特斯！还我普希金！"

那么，杀害一代"诗豪"的真正凶手是谁？谋杀普希金的凶手难道仅仅是丹特斯一个人吗？有关专家通过对大量史料的详尽探究，提出了与众不同的见解。

原来，当时在位的沙皇尼古拉一世也为诗人妻子的美丽姿色所倾倒，为了让冈察罗娃能够经常参加宫廷晚会，沙皇特地在1834年底任命普希金为"宫廷近侍"，陪伴沙皇的左右。此时，诗人已经年届三十有五，被迫整天夹杂在一群年轻气盛的侍从之中，普希金表面上不敢违抗指令，但心中为此事感到屈辱不平。他曾气愤地对人说过："我可以做一名普通的平民百姓，甚至做一个奴隶，却永远不愿做个被人拨拉的弄臣，哪怕就是在上帝那里。"沙皇尼古拉一世也对他越来越不满，专门委派心腹暗中监视诗人的言行举动。后来，法国逃亡者乔治·丹特斯在各种社交场合公开追求普希金的妻子冈察罗娃，就是受到沙皇的暗中支持与纵容。

与此同时，因为沙皇本人早就看中了诗人娇妻，于是沙皇就利用丹特斯这件事在彼得堡上流社会大肆造谣中伤，散布小道传闻，并且授意布置了丹特斯与诗人之间的血腥决斗。当诗人普希金在决斗中不幸遇害之后，悼念追忆诗人成就的各种文章在报刊上发表，一时成为声讨沙皇黑暗暴政的战斗檄文。

面对群众的抗议浪潮，沙皇尼古拉一世做贼心虚，担心诗人的葬礼会引起更大的事端，秘密派人趁夜色掩护把诗人的灵柩悄悄从准备举行葬礼的教堂中运走，送到远处一座偏僻的圣山修道院里草草埋葬了。

研究人员指出：此事明显表明了沙皇对于诗人之死负有不可推卸的责任，普希金英年早逝是沙皇尼古拉一世的阴谋诡计的牺牲品。诗人普希金作为俄罗斯文坛的巨子虽然过早地离开了人间，然而参与杀害他的直接凶手和幕后谋划者，包括沙皇和吃人的沙皇暴政都已经被钉在了历史的耻辱柱上，永远为人们所唾弃。

俄国文豪高尔基称赞普希金的作品"真实地描绘了时代的面貌"，著名文学评论家别林斯基则称普希金的诗作是"俄罗斯生活的百科全书"。人们在痛悼这位"俄罗斯诗歌的太阳"的同时，也希望尽早挖出谋害诗人的真正元凶。

第三篇　迷雾重重的世界文化

"科学末日"之谜

约翰·霍根在 1997 年出版的发生重大影响的《科学的终结——在科学时代的暮色中面对知识的限度》一书中，提出了一个尖锐的问题：我们能获知想要知道的一切吗？如果不能，即存在着科学的终结（极限）的话，那么何为科学的目的？随即，美国科技界内部发生了关于科学是否已经走到了尽头的争论。

持"科学末日"观点的人认为，随着科学领域不断取得成就，人类面临的比较容易解决的问题差不多都已经解决了，剩下的都是一些无法回答的问题（如思维的本质）或无法证实的理论。持这一观点的人还发出半导体行业将面临"2010 年黑幕"威胁的警告，其根据是目前技术的发展趋势可能会使计算机芯片因体积过小而不能有效工作，或因成本过高而无法投入生产，文章进而断言：2010 年将是"极其黑暗的一幕"。

科学走到尽头了吗？美国《科学》周刊发表的评论认为，尽管霍根陷入了自掘的陷阱，但他也确实提出了真正重要的问题：我们今后还会做出重大科学发现吗？如果能的话，那将是什么样的发现？生命起源、意识本性、智慧生命是基本物理学定律的必然结果，还是宇宙的偶然产物？《科学》周刊的这篇评论所说霍根"自掘的陷阱"是指霍根在《科学的终结》一书中所谈的"终结"恰恰都说明科学还要"继续"。

著名科普作家卡斯蒂在英国《自然》周刊著文阐述，科学是用一组规则提供与世界有关问题的答案的一种特殊过程，指出了霍根只字不提"科学的终结"的内在原因。他认为，要紧的不是科学是否正在走向终结，而是现实世界是否复杂到使人的心智无法完全理解。

与"科学末日说"相对，认为"科学无止境"的科学家大有人在。

梅道克斯在著名的《自然》杂志上撰文，认为激动人心的时代还在前头，科学的认识是逐渐深化的，100多年前，谁能预见到微观粒子如电子等不遵守牛顿力学？又有谁能通过DNA了解生命的化学基础？美国国家科学基金组织等发起的一项对有博士学位的科学家的调查，在1 500份有效问卷中，2/3人预测21世纪科学将会加速发展，对社会的冲击还更大。

他们指出，如果以蒸汽机在工业生产中的大规模应用为起点，现代科技只有200年的历史，与人类社会发展的长河相比，200年只是历史的一瞬。然而人们在这期间取得的科技进步已经在很大程度上改变了世界的面貌，生活在当今社会的人们，很少有人感受不到现代科学技术给他们的生活带来的巨大变化。

科技的进步是人类智慧和创造力的体现，一个多世纪以来人类这种创造力非但没有衰退，相反一直伴随着社会文化教育水平的提高、知识的积累、探索自然的手段的进步而同步增长。当然，随着科学研究日益向高、深层次发展，重大科技项目的开发难度越来越大。

虽然在一些学科领域，理论已不是主要障碍，但由于项目难度提高而带来的开发周期加长，投入大幅增加等因素，使得这些新技术在实施上遇到了看似难以逾越的障碍，前述的"2010年黑幕"说即为一小例，类似这样的事例无疑促发并加重了一些人（包括一些著名学者）对科学前途的悲观情绪，但那种只凭个别学科在探索道路上遇到的暂时困难便断言"科学末日"即将来临的说法，既不符合现实也过于消极。至于为什么会出现"科学末日说"这样的观点，乐观派的科学家认为这"很可能来自心理方面和政治方面，而不是技术方面"的原因。

普林斯顿大学物理学教授戴维·格罗斯和尖端课题研究所爱德华·威滕教授指出，随着大型高功率加速器的建成，物理学将迎来以弦论为标志的"第三次革命"。在这个阶段，以综合的标准模型为基础，加上现有的加速器和正在建造中的加速器，人们就有可能解决一些基础物理学最深奥的问题，从而给科学技术的其他领域带来一系列新的突破。

事实上科学的任务远远没有完成,物质本质、宇宙演化、生命起源、自我意识等种种科学悬案、自然之谜都向人们敞开了一个科学的未知世界,科学除了为人类提供技术工具外,还要提供真理,所以,科学不可能止步。不过,我们也不指望"科学末日说"思潮会自动消退,也许它会伴随科学的发展而永远争论下去。

宙斯神像之谜

奥林匹克运动会世人皆知,据说古代人们举办运动会,是为了祭祀宙斯神的雕像。关于宙斯神像有着一连串未解之谜,比如宙斯神像是如何构思的?围绕宙斯神像发生的一些离奇的故事令人无法解释,这些谜底有待人们的进一步发现。

最早期的奥林匹亚建筑物是用木头和砖块建成的,随着社会的发展,这些旧的建筑物已逐渐倒塌。后来人们使用石块来建筑奥林匹亚建筑物,以宙斯本人名字命名的神庙就是其中最为著名的建筑物。

图3-1 宙斯神像

宙斯神像的雕塑者是菲狄亚斯,他发明了一种建造大尺寸黄金、象牙雕像的技术。首先,在建雕像的地方竖起一个大小与要完成雕像尺寸相同的木制框架,象牙薄片经过雕刻用来装饰头、手、足处,贵金属片则用来做成衣饰和其他装饰,以后神像外部的其他地方也用这些饰品来装饰。

每件饰品之间都要衔接好，每个衔接处都要经过仔细装饰，最后一个有着坚固外形的雕像便形成了。公元 2 世纪的讽刺家卢西恩可以取笑说在奥林匹亚的宙斯神像内部已成了老鼠出没之地，但在当时，这尊黄金象牙雕像肯定已塑造了一位集富有、权力于一身的强有力的形象，把宙斯的庄严、高贵表露无遗。

雕像一直引起那些崇拜宙斯的人们的敬畏与惊叹。关于宙斯神像，还有个离奇的传说。据说在它建成之后 450 多年，按照那些抢劫希腊艺术珍品的罗马征服者的习惯，罗马帝国皇帝卡利古拉（公元 37～41 年在位）渴望在罗马拥有该雕像。他派工匠们去设计运输此雕像的方案，但雕像"突然发出的大笑声震塌了脚手架，工匠们也被吓得四散而逃"。公元 462 年，君士坦丁堡一场凶猛的大火烧毁了收藏宙斯雕像的宫殿。当奥林匹亚的这所圣殿受到冷落时，古希腊雕刻中最伟大的作品——这尊非凡的雕像也在博斯普鲁斯海峡岸边被毁坏了。

宙斯神像已经毁坏，有关它的未解之谜也许将永远是个谜。也许随着社会的发展，人们能通过进一步的探讨研究而解开有关宙斯神像的各个谜底。

梵高的《向日葵》真假之谜

1997 年 10 月 26 日英国《星期日泰晤士报》发表一篇文章声称：拍卖价高达 3 950 万美元的梵·高的一幅油画《向日葵》很可能是赝品。这家报纸披露说：这是英国鉴赏家诺曼在经过长达一年之久的调查分析之后得出的结论。诺曼"几乎肯定"这幅被认为是梵·高的作品《向日葵》是伪造的。

梵·高（1853—1890）是荷兰画家。年轻时在荷兰的一家画店里当过职员,凭他的聪明好学,勤奋苦练,无师自通地成为当地一个小有名气的画家。后来,为图发展,他来到了被世人称之为艺术殿堂的巴黎,结交了一些"印象派"画家。"印象派"油画在色彩方面的独特创新给他留下了深刻的影响。但与此同时,他更欣赏东方艺术中线条的表现力,他特别喜欢日本画家葛饰北斋的"浮世绘"。他把"印象派"的色彩与东方艺术中线条的表现力融会贯通,自成一家,被人们称为"后期印象派"画家。但梵·高是一个对受苦的下层人民深怀热爱之情,对资本主义现实社会深感悲愤的人道主义画家,他的生命十分短暂,只活了37岁,而全部杰出的、富有独创性的伟大的作品都是在他最后的五六年中完成的。他的早期作品,情调低沉,如《吃土豆的人们》等,而他晚期作品如《向日葵》等则表现了他对自然和生命的热爱和细腻的

图3-2 梵高作品

情感,他用变化丰富的黄颜色和有力的笔触,表现出花朵飞动的神态和秋天成熟了的葵花子的饱满结实的质感,淡蓝色的背景与黄花相衬,更加强了欢快嘹亮的调子,成为他的代表作。

向日葵的象征意义是显而易见的。所以,梵·高画过多幅油画《向日葵》,以寄托他的情感。

梵·高一生共画过多少幅油画《向日葵》呢?据不确切的统计,大约共有6幅。梵·高最早画过4幅油画《向日葵》,其中一幅画面上只有3朵向日葵,另外一幅画面中向日葵为5朵,再有两幅画面中的向日葵分别是12朵和14朵。其中有14朵向日葵的那幅画作于1888年,也就是曾

经被认作梵·高所作并拍得3950万美元的那一幅油画《向日葵》。

梵·高有一位好友,就是享誉法国画坛的法国印象派画家高更(1848—1903年),向梵·高索画。梵·高便将画有12朵向日葵的画和画有14朵向日葵的画送给了高更,高更十分高兴,爱不释手。梵·高见高更喜欢,便索性再画了2幅《向日葵》送给高更。至此,梵·高画《向日葵》油画作品应该有6幅之多了。这个数字完全符合梵·高的书信中所谈到过的共有6幅《向日葵》这个数字。

1901年,在法国巴黎的一个画展上,突然展出了一幅署名为梵·高的油画《向日葵》,令人瞩目。而当时梵·高已谢世11载,拥有这幅作品的是他同时代的法国三流画家许费纳克。当时,并无人怀疑其真伪。86年之后,也就是1987年,日本安田保险公司在一次拍卖会上见到了这幅梵·高名作《向日葵》,便以当时世界第一高价:3950万美元拍得了这幅稀世名作,成为震惊画坛一大新闻。出卖这幅画的主人是切斯特·贝蒂家族。

然而,10年以后,英国火诺曼经过调查研究之后振聋发聩地指出:日本安田保险公司拍得的这幅梵·高名作,实乃赝品。赝品出自三流画家许费纳克之手。诺曼称,许费纳克因自己的画无人赏识、没人问津,为证明自己的水平,证明自身的价值,曾一度热衷于模仿名师名画,以假乱真,连绘画鉴赏家也无法识别。据诺曼称,许费纳克模仿过梵·高的画还不止这一幅。而这一幅《向日葵》正是第7幅《向日葵》,非梵·高所作。

有趣的是,诺曼的这一番怀疑,虽多家报纸转载报道,却不见现在这幅《向日葵》主人——日本安田保险公司有何反映。这不仅是因为安田保险公司本身对此说抱有怀疑,就连一般读者也怀有不同看法:证据不足。

原因有三:其一,梵·高究竟画过几幅《向日葵》,没有充分证据。虽然梵·高在信中提到过"6"这个数字,难道梵·高在以后就不会再画一幅《向日葵》或者更多？其二，称日本安田保险公司所拥有的《向日葵》就是许费纳克伪造，证据不足，只限于猜测。难道一个三流画家真能造出大师手迹？其三，许费纳克与切斯特·贝蒂家族是什么关系？1901年许费纳克在巴黎展出的这幅画是否就是日本安田保险公司拍得的那幅《向日葵》呢？

这终究是一个谜，仍有待于未来给予真实的揭示。

"罪恶的天才"之谜

费尔多·陀思妥耶夫斯基的名字大家决不陌生。他的主要作品《穷人》《被侮辱与被损害的》《死屋手记》《白痴》《少年》《卡拉玛佐夫兄弟》等应该是很多人在中学时代就读过了。他的代表作《罪与罚》相信大家都应该看过的。

高尔基曾经说过，就艺术描写力来说，只有莎士比亚能与陀思妥耶夫斯基相媲美。陀思妥耶夫斯基的作品中那些震撼人心的悲惨画面，他以非凡的艺术力量塑造的那些庄严的、悲剧性的痛苦形象，都深深印在所有读过他的作品的人的心中。"如果说时间能熄灭爱情的火焰和人类的所有其他感情……那么对于真正的文学作品，时间却会创造不朽。"陀思妥耶夫斯基的作品正是世界文学中这种不朽的作品之一。

费奥多尔·米哈伊洛维奇·陀思妥耶夫斯基（1821~1881年）是19世纪俄国著名作家，由于他的名作《罪与罚》《白痴》《卡拉玛佐夫兄弟》以心理刻画见长，描写了鲜明的、别具一格的冲突，被西方文坛誉为现代主义的鼻祖。

陀思妥耶夫斯基生在莫斯科一个贫民医院医生的家庭里。1843年毕业于彼得堡军事工程学校。毕业后不久就专门从事文学创作活动。1846

年发表的《穷人》为他带来了极高的声誉,在文学界引起了注意。《穷人》显然受果戈理《外套》的影响,在思想上他也接近当时平民知识分子的先进代表人物。在1821年到1866年期间,他曾参加空想社会主义者彼特拉舍夫斯基的小组,为此被捕,并被判处死刑,后被赦免,改判流放,在鄂木斯克监狱服4年苦役。后来他根据狱中的经历写成了《死屋手记》。《死屋手记》倾倒了整个俄罗斯,连沙皇都被它感动得落泪,青年人更是狂热地崇拜他。

4年流放使他思想上发生了很大的转变,认为在当时的社会上,反抗毫无意义,他只看到压迫、道德基础的崩溃、资产者的胜利、贫穷、卖淫、饥饿……而看不到出路何在。他认为,在这样的社会上只有两种可能:压迫和被压迫;只有两种人:压迫者和被压迫者;没有,也不可能有第三种可能和第三种力量。他的笔记中有这样一句话:"不做奴隶,就做统治者。"这句话也许可以作为他创作的题词。这句话表现出他主要作品中主人公们的苦闷,反映出他们心目中的资本主义社会的法则:不做奴隶主,就做奴隶,不压迫别人,别人就压迫你。"主子的道德"是与人性相抵触的。因此陀思妥耶夫斯基选择了后者:宁做牺牲者,不做刽子手,宁被践踏,也决不践踏别人。此外,陀思妥耶夫斯基不知道有任何别的可能。

1861年废除了农奴制。这曾使陀思妥耶夫斯基充满希望。他觉得,对于俄罗斯来说,一个新的时代开始了。但无情的现实粉碎了陀思妥耶夫斯基天真的幻想,同样也使一部分正在寻找改革道路的青年感到失望,使他们又落进了怀疑的深渊。正是这种失望情绪往往促使某些知识青年进行个人主义的、毫无结果的反抗。《罪与罚》的主题就是在这样的时代背景下产生。《罪与罚》最早发表在1866年的《俄罗斯通报》上。

对于陀思妥耶夫斯基的评价,历来看法不一。德国作家托马斯·曼则称陀思妥耶夫斯基为时代的怪物:"陀思妥耶夫斯基揭示了人心中最隐藏、最罪恶的冲动。只要拿普鲁斯特以及充斥在他的作品中的心里好奇、惊异和装饰物做个比较，便可以看出二者在侧重点、在道德色彩上的区别。那个法国人的心理发现，他笔下的新事物和鲁钝举止，与身处地狱的陀思妥耶夫斯基相比，简直是消遣而已。普氏能够写出《罪与罚》这样一部古往今来最伟大的侦探小说中的'拉斯柯尔尼科夫'来吗？要写出这样的一部小说，他缺少的不是知识，而是良心。"

而高尔基则抨击陀思妥耶夫斯基，称他是俄罗斯罪恶的天才，一个反动派，一个对压迫逆来顺受的辩护士。马克思在论及他时也持很大的保留态度。在斯大林统治时期，他几乎没有立足之地。他们把陀思妥耶夫斯基分成好的或坏的。好的是人道主义的、进步的陀思妥耶夫斯基，作品主要指《罪与罚》以前并包括《罪与罚》时期；坏的是反动的、迷信宗教的陀思妥耶夫斯基，作品以《罪与罚》以后的为主。前苏联作家们能赞同作为沙俄的批评者和革命预言家的陀思妥耶夫斯基，但是他们因为他后来的政治观点而忽视他和谴责他，把他的宗教和哲学当成"神秘主义"和"非理性主义"加以嘲弄；他们可以赞赏他是一位俄国生活的现实主义报道者和社会典型的创作者，但他们又贬低或忽视他的象征主义他的不断离经叛道、偏离现实主义。甚至连卢卡契这样有思想的马克思主义者也主张用简单的二分法来对待陀思妥耶夫斯基，从而忽视了他的一大批创作，而这些创作，往往是他最成功的艺术作品。

读陀思妥耶夫斯基的作品，得到的第一印象总是恐怖，其次方觉伟大。浏览其本人命运，也会首先感受其暴戾与粗野，程度与其农民面孔的平凡正相当。人们最初会感到，他的命运只是一场无稽的折磨，因为，他那六十个年头用尽了一切手段拷打他孱弱的躯体，从青年到老年，他所有的美好甜蜜一概被苦难这把锉刀磨掉，丝毫不剩，病痛的锯子咔嚓咔嚓地切进他全身的骨骼，贫困这根螺丝钉也牢牢钻入他的身体，直逼他的中枢神经，他紧绷的神经痉挛不已，四肢不停地抽筋，而情欲这根精巧的芒刺也从不放过他，无休止地逗引着他的热情。没有一样苦痛被省却，没有一种折磨未被派上。因此，他的生命道路与19世纪其他所有诗人的舒适的阳关大道毫不相同。在他身上，人们总能感到，有个不可捉摸的命运之神正一门心思地企图干成这件最难成功的事业。

1881 年，陀斯思耶夫斯基死于一个工人区四楼的一角陋室之中，整整 56 个困苦年头，他都与疾病、贫困和灾难为伍，最终被疾病夺去了生命。

比才的死因之谜

提到法国作曲家乔治·比才，许多人并不熟悉，然而他的歌剧《卡门》却为更多的人熟知。常收听中央人民广播电台的人会经常听到雄壮、欢快激昂的《卡门》序曲，这是广播电台中播放次数最多的歌剧序曲。事实便是如此，《卡门》比它的作者的名声更响，它如今成为世界十大著名歌剧之一，自 1875 年 3 月 3 日在巴黎首演后，60 年里先后被译成 24 种文字，在 35 个国家里盛演不衰，如今全世界的歌剧院都在上演它。

20 世纪 80 年代，特别是 1984 年后，欧美出现了"卡门热"。继萨拉和加德斯导演的《卡门》、哥达尔的《名叫卡门的姑娘》和布鲁克的《卡门的悲剧》后，有关卡门的"压轴戏——罗西的影片《卡门》"又引起了震动。这种热浪的原因，据萨拉说是歌剧《卡门》的版权到了 1983 年便无效了的缘故，但更重要的原因应是《卡门》已深入人心，因为这出歌剧已成为许多大歌剧院的保留剧目，甚至其主角卡门已成为"神话般的人物"，这在欧洲已是事实。

如前所述，提到比才，必得谈其《卡门》；这里说到《卡门》，就应当说说比才。不太熟悉外国音乐的人们，也许对比才评价不高，实际上比才是世界少有的天才音乐家。他不到 37 岁便辞世，而且死得那么突然，至今众说纷纭，在解释原因之前，有必要介绍一下他的生平。

图 3-3 比才

比才于 1838 年诞生于巴黎附近的布吉伐尔，一生大部分时间在那里度过。他的父亲是位声乐教师。比才 4 岁开始学习音乐，9 岁进入巴黎音乐学院，师从当时名家巴列维，师生感情笃深，后来便娶了老师的女儿。1857 年 19 岁那年，比才获得罗马大奖，赴意大利进修，那时其杰作《C 大调交响曲》和轻歌剧《米拉克尔医生》已问世了。比才的音乐才能像李斯特、莫扎特及舒伯特等一样，很早已显示出来，只是后来才被人众认识。他的钢琴技巧和阅读复杂总谱的能力使李斯特感到震惊；大哲学家尼采称赞《卡门》的作者堪称"地中海艺术的太阳"；柴可夫斯基 1880 年给梅克夫人的信这样写道："我深信，大约 10 年之后，《卡门》将成为世界上最受欢迎的一部歌剧……这部作品自始至终都是引人入胜、妙不可言。有许多强烈的和声，全新的组合，但这一切并非唯一的目的。比才是一位合乎时代要求而又怀有真正灵感的艺术家……"

10 多年后剧院演出的统计数字证实了这一预言。

然而当《卡门》在 1875 年 3 月 3 日首演后，演出失败；3 个月后它的作者在家乡意外地亡故，给后人留下了神秘的疑团。

关于他的死亡，当时报纸所载的原因是心脏病发作；音乐界亦传闻他因《卡门》失败而导致心脏病发作。

后来的医生们通过研究认为，1859 年 8 月到 10 月，比才在那不勒斯度过，在那里得了严重的喉病，终生未愈，在演出失败后因此病发作而猝死。这种喉病即今日之癌症的一种。

对此种解释拿出更有力的证据的是一位传记作者,他从比才的同代人口述中得知下列"事实":比才有个习惯,即亲自操持家务。死亡前的一天清早,起床后穿了薄薄的浴衣便到厨房去和洗衣妇清算一周的洗衣费。当时虽然是6月份,但从近旁小河吹来的徐徐凉风使他着凉,突发的肺炎两天内便夺去了他的生命。这种说法的旁证是比才一直就有肺病,而且是从其母亲那里传染来的,只是病情时轻时重,不为人所知罢了。所以比才猝死完全是由于突发的器质性病变。

绝大多数人相信这种说法:比才猝死与《卡门》有着直接的关系。要知道《卡门》首演失败对作者影响如何之大,看看它的失败情况便不难了解。1875年巴黎还未从巴黎公社引起的"混乱和恐怖状态"里恢复过来,这部"叛逆"的歌剧的上演,便使巴黎上层社会的思想秩序大乱。因为歌剧一反过去千篇一律的以骑士、小姐为主角的格式,而它以现实主义的手法展现了下层人物的真实形象——女工、士兵和走私犯的生活。这里强盗、走私犯被描绘成英勇者(听听其组曲中《走私犯进行曲》便知),卡门这个"恶魔般的、只会勾引男人的美丽而邪恶的化身"被颂扬。剧中歌词的大胆引起上流社会的不安,《卡门》散发着"硫黄的火药气味,充满着犯罪恶习",这是一部"伤风败俗的、现实主义的,至少也是不道德的"作品。这是当时社会一般的评价,至少上层社会这样认为。这对于生活在这个社会并力图使自己的作品受到它的赞誉的比才来说,无疑是惨败了。

当时首演失败也有"客观或偶然的"因素:首演头晚排练时,仍然吵吵嚷嚷不休,指挥迪洛克勒悲观丧气,毫无顾忌地宣称:"这些音乐像交趾支那一样,我一点也不了解!"乐队伴奏捣乱,演出时鼓手的失误,演员们发挥不出来,甚至还抽起烟来。这使比才大为伤心。

在比才一系列作品遭受失败后,这部他寄予厚望的《卡门》的失败使他悲观失望,据说整个晚上他像幽灵一样游荡在巴黎街头,加上他平时积劳成疾，身体本已有病，如果他真有心脏病或者喉肿之类的疾病，突然致死的原因也许是心力衰竭或喉肿突发性溃烂。但若没有《卡门》首演失败这一悲剧，没有伤心地彻夜游荡，比才会不会几天之内猝死呢？相反，如果演出大获成功，情形又将如何呢？

对他的猝死之因有种种解释，最后一种是有一定道理的。但这里还有一件事不能忽视：在比才死亡的当天晚上，有一人已预感到巨大不幸之兆：加琳－玛琳夫人，《卡门》的演员，在三重唱中觉察出凶兆而大为悲恸，她的心脏剧跳，感到巨大的悲痛在空中旋转，她极力抑制自己，坚持演完，在退场的一刹那间，她昏倒了。当她苏醒后，仍感到比才死亡的凶兆在徘徊，次日早晨便听说比才在那晚已辞世了。这种情况被认为是真实的记述。果真如此，也许可用心理感应或人体生理的特异功能去解释，否则这又将成为一个供心理学家们研究的谜了。

西班牙的史前画廊之谜

1879年，考古学家在西班牙阿尔塔米拉的一个洞穴内发现了大量壁画。经过索图勒的考证，这些壁画被证实是出自原始人之手，描绘的是当时的各种动物。然而，许多考古学家对此不置可否，因为他们是反对达尔文的进化论的，自然不能接受这一结果。

但是，这些绘画终于被证明是史前艺术的最伟大的发现，其中大部分都是公元前1.5万~前1万年的作品。

1902年，即在索图勒去世约14年后，考古学家阿贝·亨利·布罗伊尔也来到了这个洞穴，不少动物的骨头被他从地下挖了出来，上面的雕刻画几乎和穴顶上的一模一样。

于是，人们再也不能怀疑这些绘画的真实性，而该洞穴也就此被称为"史前艺术的西斯廷教堂"。这些绘画的保存状态也同样出乎众人意料。在欧洲，特别是在西班牙的东、北部和法国的西南部还发现过100多个洞穴刻满了石器时代的绘画和雕刻，但是，许多都因时间和气候的原因而毁损了。

人们称创造这一艺术的人为克罗马尼翁人，他们生活在公元前3.2万到前1万年之间，也就是石器时代。他们虽依靠采集植物和狩猎为生，却也不乏创造性的想象力。考古学家的研究表明：他们的独特的文化有其连续性，生活在公元前1.5万到前1万年间的马格德林人的文化是这一时代文化最晚期的代表。

这些绘画的制作过程是这样的：先用尖利的燧石雕刻出轮廓，然后添加各种不同的颜色。当时的艺术家们不能创造出绿色和蓝色，但可能从氯化锰、煤炭和烟灰中提取了黑色和紫黑色。褐色、红色、黄色和橙色是由铁矿石、动物血或脂肪和植物汁液混合制成的。首先用骨制的臼和杵将铁矿石研磨成粉末，然后倒入动物血或脂肪以及植物的汁水，搅拌均匀，最后这些颜色就制出来了。作画的工具也是品种繁多：手指、兽毛或羽毛制成的刷子，或一根捣碎的树枝条。不过艺术家们有时也用苔藓做垫料，或者用中空的芦苇秆把颜色吹出来。

在阿尔塔米拉，考古学家们不仅发现了马格德林人令人叹为观止的艺术，而且还发现了牛脂制成的赭色画笔。这些画是当时的艺术家们小心翼翼地在几乎无法透入日光的昏暗的内室中完成的，这表明当时人造光已经被使用了，事实上也的确发现了石灯。从穴顶上的绘画我们可以知道当时的人们已经使用某种形式的脚手架。

许多考古学者认为，这类洞穴壁画很可能是某种迷信仪式的组成部分，即通过符号的诅咒使野兽易于捕获。古人也可能认为他们的捕获物身上所蕴含的勇猛和力量会通过绘画这种媒介而传给他们自己。这些绘画也可能是给青年猎手的教科书，用来教导他们如何来杀伤野兽，因为许多画上的标枪正刺中兽类的最致命处。

公元前1万年,冰川时代即将结束,气候慢慢变得温暖起来,自然万物开始复苏,马格林德人离开了洞穴来到地面。农垦时代就这样开始了,人类正朝着文明不断迈进。而史前画廊就成了他们留给自身历史的一笔丰富的遗产。正如目前的现代化常给人类设置陷阱一样,马格林德人学会了耕种,却丧失了想象力与丰富的创作才华。这一切都淹没在历史的尘埃之中。

是谁接受了莎士比亚最美的诗

英国文艺复兴时期的文学大师莎士比亚的作品是艺术顶峰之一,尤其是他的14行诗,被誉为"最美的诗篇"。那么,这个艺术的瑰宝究竟献给谁呢?

在154首脍炙人口的14行诗中,频繁出现一位倾国倾城的绝代美人

"如果我写得出你美目的流盼,

用清新的韵律细数你的秀妍,

未来的时代会说:'这诗人撒谎:

这样的天姿哪里会落在人间!'"(第17首)

对这位旷世美人,莎士比亚爱得那么深沉,乃至疯狂——

"离开了你,日子多么像严冬,

你,飞逝的流年中唯一的欢乐!"(第97首)

"这无垠的宇宙对我都是虚幻;

你才是,我的玫瑰,我全部财产。"(第109首)

这位莎士比亚笔下真善美的化身,外貌的典型特征是黑发、黑肤、黑眼睛——"我情妇的头发黑如乌鸦,眼睛也恰好相衬。"(第127首)

当时的人们对其美不以为然,并对其"侮辱和诽谤",对此,莎士比亚不无偏执地写道:

"对于我,你的黑胜于一切秀妍。"(第131首)

"黑是美的本质(我那时就赌咒),

一切缺少你的颜色的都是丑。"(第132首)

那么,这位使莎士比亚情迷意乱、甘做奴隶的"黑夫人"或"黑小姐"究竟是谁呢?

此话题从19世纪一直到20世纪末,争论迭起,成为一个难解之谜。

有学者认为,这个"黑夫人"是莎士比亚竭尽效忠的英国女王伊丽莎白一世。把作者眼中的贤明君王比作美人,这在文学史上屡见不鲜。

也有学者考证莎士比亚同时代出版的《威罗比,他的艾薇珊》一书,书中讲到一个客栈主人的美丽的妻子如何拒绝无数求爱者,只把爱托付给一个熟悉的朋友W.S。而W.S正是威廉·莎士比亚的姓名的缩写。该书的作者就是客栈夫人的儿子、17世纪著名剧作家达夫南特,达夫南特曾向密友透露过自己是莎士比亚私生子的秘密。

图3-4　莎士比亚

1933年,"莎学"(即莎士比亚学)专家哈里森指出,他的研究表明,"黑夫人"乃当时伦敦的一个出入贵族与富家的黑人妓女露茜。确实,第41首14行诗有:"你那放荡不羁所犯的风流罪/(当我有时候远远离开你的心)/与你的美貌和青春那么相配/无论到哪里,诱惑都把你追寻"的诗句。因此,另一位"莎学"专家昆奈尔在1964年也肯定这一观点,认为"黑夫人不是宫廷中的贵妇……而是一个出名的宫妓,绰号'黑人露茜'"。

也有"莎学"专家主张,"黑夫人"是宫女玛丽·菲顿,她美丽而轻佻,是贵族青年赫尔伯特与莱夫逊爵士的情人、泼尔摩尔船长的妻子,但反对这一观点的学者考证说,玛丽·菲顿并非黑美人,而是金发碧眼的白种女子。

20世纪70年代,有关"黑夫人"的争论掀起热潮。英国著名历史学家韦尔斯在《终于真相大白——莎士比亚的黑肤夫人》一文中指出,"黑肤夫人"是医生兼占星家西蒙·弗芒的情人艾米丽娅·雷尼尔,她是巴萨诺的女儿,巴萨诺早逝,艾米丽娅在17岁时成为汉斯顿勋爵的情妇,怀孕后嫁给宫廷乐师雷尼尔。但《莎士比亚辞典》的编纂者、"莎学"权威韦尔斯不同意这位历史学家的考证,认为艾米丽娅并不是一位黑肤美人,同14行诗的描绘不符。作为一个治学严谨的历史学家,韦尔斯坚持自己的考证,这使20世纪70年代的争论一直悬置至今。

1997年9月25日,自19世纪至今一直在有关莎士比亚争议中担任仲裁者角色的英国教科书文库——《阿登丛书》打破沉默,宣称,莎士比亚是一位同性恋者,他的最美的诗篇所献给的"黑肤夫人"或"黑小姐"其实并非美女子,而是他所喜爱的同性恋男子的代称。

发布这一观点的是"莎学"界最著名的女专家凯瑟琳·邓肯·琼斯,她已发表过40多篇"莎学"论文,她在《阿登丛书》推出的莎士比亚14行诗集的前言中列举154首14行诗中有关年轻男了与女性的描述,指出其中六分之五涉及年轻男子,并用尽最美好的言辞,而六分之一篇幅涉及女性,多把她们写成玩物或淫荡的形象。例如第20首有:"你有副女人的脸,由造化亲手塑就/你,我热爱的情妇兼情郎/有颗女人的温婉的心,但没有/反复和变幻,像女人的假心肠……"《阿登丛书》的编委霍奇赞同她的研究成果,指出,"邓肯·琼斯使由行家组成的丛书编委会相信,现在该是公布最新研究成果的时候了。"

莎士比亚的最美的诗究竟献给谁?本目前是难以有结论了。即使到下个世纪,也许会像一位叫道顿的"莎学"家所预言的,"我们永远不会发现这个女人的名字","黑肤夫人"或"黑小姐"也许是一个永恒之谜。

汉谟拉比为什么要制定法典

1901年12月,由法国人和伊朗人组成的一支考古队,在伊朗西南部一个名叫苏撒的古城旧址上发掘出三块黑色玄武岩,依次将它们拼合起来,恰好是一个椭圆柱形的石碑,石碑高2.25米,底部圆周1.9米,顶部圆周1.65米,上图下文。

在石碑上半段那幅精致的浮雕中,古巴比伦人崇拜的太阳神沙马什端坐在宝座上,正在将一把象征帝王权力的权柄授予毕恭毕敬站在他面前的古巴比伦国王汉谟拉比。石碑的下半段是用楔形文字刻写的法律条文,这就是世界上著名的《汉谟拉比法典》。

法典的序言中说:"安努与恩里尔为了人类福祉,命令我,荣耀而畏神的君主,汉谟拉比,发扬正义于世,灭除不法邪恶之人,使强不凌弱,使我有如沙马什,光耀大地。"

汉谟拉比何以制定出这部世界上最古老的法典?这首先要从汉谟拉比王的雄才大略与文治武功说起。

汉谟拉比是古巴比伦第一王朝的第六代国王。巴比伦意为"神之门",位于幼发拉底河中游,扼西亚贸易要冲。土地肥沃,水源丰足。但当汉谟拉比继承王位时,古巴比伦的领土范围长不过120千米,宽不过30多千米,而且还经常臣服于其邻国。

汉谟拉比登基伊始,首先整顿内部、发展经济、积蓄力量。他以卓越的政治军事才能,审时度势,远交近攻,将强敌逐一击破,先后灭掉南方的伊新、埃什努那、拉尔萨,又征服北方的马里,并迫使亚述向其称臣,建立了南至波斯湾,北逾土耳其南境,东起扎格罗斯山,西至叙利亚的大帝国。

汉谟拉比在位 42 年(公元前 1792—前 1750),统一伟业几乎耗尽他毕生精力。由于每天要处理的申诉案件太多,他便萌生了一个想法:让臣下将过去零零散散的法律条文加以整理,并融进社会上已形成的习惯,编成了一部法典,作为管理国家的法律规范。汉谟拉比命人把法典刻于石柱上,竖立在巴比伦马都克大神殿里。

图 3-5 汉谟拉比

这部法典共 52 栏,4 000 行,约 8 000 千字。由序言、正文和结语 3 部分组成。序言宣扬汉谟拉比受命于神;结语颂扬汉谟拉比的功绩;正文部分共 282 条,对诉讼手续、盗窃处理、租佃、雇佣、商业高利贷和债务、婚姻、遗产继承、奴隶地位等给予明确规定。

《汉谟拉比法典》反映了古巴比伦社会由三个阶层组成:全权自由民(阿维鲁),包括僧侣、贵族、高级官吏和商业高利贷者,也包括自由民、独立手工业者;无权自由民(穆什根努),包括依附王室经济的纳贡人及其后代、充当常备军的士兵等;第三个阶层就是奴隶。巴比伦的奴隶来源于战俘和债务者。

这部法典的很多条文是用来处理自由民的内部关系的,处理原则就是"以牙抵牙,以眼还眼"。比如,两个自由民打架,一个人被打瞎一只眼睛,法律就要判决对方同样被打瞎一只眼睛作为赔偿。

总的来说,该法典有五大特点:一是施行同态复仇法,即奉行以牙

还牙的原则；二是公开维护不平等的阶级制度；三是施行严格保护商业财产的规定；四是颁布许多类似社会生活保障的法令；五是较之苏美尔法律，增加了反对国家的罪名。

《汉谟拉比法典》对奴隶主、自由民、奴隶有着不同的判罪规定：如果奴隶主把一个自由民的眼睛弄瞎，只要拿出一定数量的银子就可了事。

如果被弄瞎眼睛的是奴隶，就不用任何赔偿。奴隶如果不承认他的主人，只要主人拿出他是自己奴隶的证明，这个奴隶就要被割去双耳。

此外，法典还规定：逃避兵役的人一律处死；帮助奴隶逃亡或藏匿逃亡奴隶也要被处死；如果有人在酒店里密谋而店主人不把他们捉起来，则店主人将被处死。正是依靠这部法典，汉谟拉比统治下的古巴比伦成为古代东方奴隶制国家中统治最严密的国家。

也许汉谟拉比在世时并没有预料到：他为了维护自己的统治制定的这部法典，成为现存世界上最古老最完备的法典。这部法典后来成为闪米特其他各族，如亚述人、迦勒底人和希伯来人制定法律的基础。

汉谟拉比死后，依靠武力征服建立的统治开始出现危机。帝国内烽烟四起，北方有加喜特人入侵，南方有伊新、乌鲁克等地暴动。

公元前1600年左右，赫梯人攻入古巴比伦首都古巴比伦城，古巴比伦国家灭亡了。法典石柱的命运同样历尽坎坷：公元前1163年，埃兰人攻占巴比伦之后，将法典石柱作为战利品带回苏撒；埃兰被波斯所灭后，波斯国王大流士一度将苏撒作为帝国首都，《汉谟拉比法典》又落到波斯人手中。到今天，它静静地置身在巴黎的罗浮宫博物馆。在颠沛流离中被埃兰王毁去的正面七栏文字，可以根据泥版文书进行校补，因此它可以说还很完整。

《包法利夫人》的思想内容之谜

古斯塔夫·福楼拜（1821～1880年）是法国作家，生于法国西北部鲁昂城一个世代行医的家庭。父亲是鲁昂市立医院院长兼外科主任。他的童年是在父亲的医院里度过的，他经常和妹妹一起趴在窗台上偷偷看停放在医院里的尸体，看着苍蝇在尸体和花坛中四处乱飞，因此，他以后的文学创作明显带有医生的细致观察与剖析的痕迹。

十一岁时，福楼拜进入鲁昂中学，期间他认识了美丽的少妇爱莉莎，这样的情感从一开始就注定没有结果，于是他将自己的这份初恋感情在文字中释放表达出来，开始进行文学创作。爱莉莎成为福楼拜一生中难以忘怀的挚爱。

1841年，他就读于巴黎法学院，但学校的课程令他感到厌烦不已，而他对于文学创作的热情却有增无减。二十二岁时因被怀疑患癫痫病而辍学，于是他放弃了法律课程，此后一直住在鲁昂，专心从事创作。

《包法利夫人》是福楼拜用了将近五年的时间于1857年完成的。这部作品开创了文学史上的一个新纪元，也成为他的代表作。小说最初是在报纸上以连载的形式出现的，因内容太过敏感而被指控为淫秽之作，被当局以有伤风化、诽谤宗教等罪名，由检察官提出公诉。检察官列举书中四个段落为佐证。一，爱玛在树林里委身于罗多尔夫，她因奸情而变得更加美丽，这是对通奸的颂扬。二，爱玛病后用对情人的语言向天主倾诉。三，爱玛与莱昂在奔驰的马车里作爱（《巴黎杂志》的编辑删掉了这一段），然后是对他们幽会的旅馆房间的"淫荡描写"。四，对爱玛临终场面的描写违背宗教和道德原则，夹杂肉欲的联想。

这场官司最终的结果，是《包法利夫人》成为畅销书。福楼拜因此而声名大振，成为人们谈论的主角。也在写这部小说期间，福楼拜认识了美女作家柯蕾，俩人很有默契地维持着肉体关系，随后他又创作了《萨朗宝》《情感教育》和《三故事》。

《包法利夫人》的故事很简单，没有浪漫派小说曲折离奇的情节，无非是一个"淫妇"通奸偷情，自食其果。女主人公爱玛·包法利（"爱玛"是个浪漫的名字，"包法利"Bovary 这个姓氏的词根 Boy 包含"牛"的意思。福楼拜煞费苦心选定的这个姓

图3-6　包法利夫人

名，本身就意味着想入非非的浪漫与平庸的现实之间的反差）是殷实的田庄主人卢欧老爹的独养女。她从小丧母，十三岁时，父亲就为她选择了爬向上层社会的一种方式，把她送到虞徐村修道院读书，学习贵族子女的谈吐、仪态，接受贵族思想的教育。卢欧老爹把日后的希望都寄托在女儿身上。

起初，爱玛不但不嫌修道院的生活憋闷，反而喜欢和修女们在一起相处。日子一久，她就不满意修道院的生活了，她偷偷读了描写恋爱、婚姻、情男、情女等内容的作品后，心中激起了爱情的波澜。

她读到司各脱的历史小说时，更加崇拜古代贵妇人的生活，巴不得自己也住在一所古老的庄园，同那些腰身细长的女庄园主一样，整天在三叶形穹窿底下，胳膊肘支着头，手托着下巴，遥望一位白衣骑士跨着一匹黑马，从田野远处疾驰而来。与世隔绝的修道院生活，使爱玛不了解法国的资本主义社会现实，完全沉醉于中世纪的幻境之中，成为一个极力寻求刺激，追求爱情的少女。由于她后来不尊重修道院的共同生活，"好像修道院同她性情格格不入"，父亲只得接她离开了修道院。

乡村医生查理·包法利由父母做主，娶了一个寡妇——杜比克妇人，包法利以为结婚以后他就可以自由了，但结婚后包法利医生就像套上了枷锁，因为老新娘对他管束极严，甚至经常隔着墙偷听包法利大夫给女病人诊病，不过她尽可以放心，她的丈夫一向是个老实人。但是，第二年开春，老新娘病死了。

孤独的包法利医生依旧过着波澜不惊的生活。而一次偶然的出诊使他结识了卢欧老爹，并爱上了卢欧老爹的女儿爱玛。此时的爱玛已出落得很漂亮，她的头发黑亮亮的，她的脸蛋是玫瑰红的颜色，她的眼睛很美，睫毛很动人，朝他望来，毫无顾忌，有一种天真无邪的胆大的神情。不久，包法利医生向爱玛求婚了。这时卢欧老爹破产，只得把女儿嫁给不苛求嫁资的包法利大夫。

爱玛对新生活的热望和天真使得她总处于幻想当中。但是，嫁给包法利医生后，她的幻想成了泡影。包法利医生是个容貌一般，见解庸俗，谈吐平板，安分守己，激不起笑和梦想的人。他娶到爱玛后，心满意足，吃着葱烧牛肉，啃掉一只苹果，喝光他的水晶瓶，然后上床，身子一挺，打起鼾来了。

充满浪漫、迷恋幻想的爱玛大失所望，感受不到丈夫的欢娱、热情和爱恋。她恨包法利医生这种稳如磐石的安定、这种心平气和的迟钝，极力要摆脱这种平庸的生活与令人窒息的社会环境，寻找梦想的幸福，来满足自己感情上的需要。

正当爱玛苦闷不满的时候，昂代尔维利侯爵邀请包法利夫妇去参加舞会。这次舞会是爱玛生活道路上的一个转折点。舞会在侯爵家里举行，爱玛对侯爵豪华气派的家、高雅的客人以及珠光宝气的舞会场面入迷了。她怀着羡慕的心情看着那些装扮入时的贵妇人，幻想着自己也能过上那样的生活。而这时一个潇洒的子爵邀请她跳舞，爱玛觉得幸福极了。她一直跳到早上才恋恋不舍地离开了舞会。在回家的路上，她看见一个舞伴有意无意留下的雪茄盒，又引起了对舞伴的怀念。回到家里，

爱玛竭力挣扎着不睡，只是为了让舞会的感觉能在自己头脑中多停留一会儿。

舞会之行在她的生活上凿了一个洞眼，如同山上那些大裂缝，一阵狂风暴雨，只一夜工夫就完全变了模样。从此，爱玛由追求中世纪的爱情变而向往腐化堕落、虚假庸俗的巴黎式的爱情了。同时，她的脾气越来越坏，对丈夫更加厌烦了。她一个劲儿地怪当地的气候不好，强烈要求搬到别处去住。

包法利经不住爱玛的再三撺掇，终于搬到了永镇居住。第一天吃晚饭的时候，爱玛遇到了一个金黄色头发的青年实习生——赖昂。爱玛初次和他见面便很谈得来，他们有共同的兴趣，都爱好旅行和音乐。此后他们经常会面，讨论浪漫主义的小说和时兴的戏剧，两人逐渐熟识起来。

这时，狡猾的服装商人勒内看出了爱玛是个爱装饰的虚荣的妇女，就主动上门兜揽生意，并赊账给她，满足爱玛的虚荣心。赖昂对爱玛表露了好感，但因为年轻未免在行动上显得畏缩；爱玛也爱上了赖昂，同样也不敢越轨。赖昂走后，爱玛百无聊赖。有一天，附近一个庄园主罗道夫到包法利医生家里看病，这个风月场中的老手一眼就看穿了爱玛的心思，产生了勾引这个标致的家庭主妇的念头。恰好永镇举办了一个展览会，罗道夫就带着爱玛去参加。两个人都不关心展览会，只是借此机会谈情说爱，罗道夫抒发自己的痛苦以及对爱情的向往，深深打动了爱玛的心。

展览会后，罗道夫故意在六个星期之后才出现在爱玛面前——他知道这样会对爱玛产生什么样的心理效果。果然，爱玛顺从地成为了他的情妇。他们瞒着包法利医生经常在一起幽会，爱玛的感情发展到了狂热程度，她要求罗道夫把她带走，她情愿放弃家庭和孩子同他一起私奔。

然而，罗道夫只是一个逢场作戏的人。在厌倦了爱玛的身体之后，他决定抛弃爱玛而到卢昂去找另一个情妇。临走他给爱玛写了一封信，表示为了不伤害她，只好不辞而别了。为了表示自己的依依不舍，他还在信纸上洒了水来充作眼泪。爱玛接到信后，气得发疯，但也只能眼睁睁地看着罗道夫的马车在夜幕的掩护下驶出了永镇。

这之后，她大病一场，病好以后，她想痛改前非，开始重新生活。可怜的包法利医生为了让爱玛散散心就带她去卢昂看戏，凑巧在剧场里遇到了爱玛曾为之心动的赖昂。于是，两人旧情复燃，戏还没有演完，爱玛就找了个借口同赖昂到码头上互诉衷肠去了。分别了三年，赖昂已经成为社会经验丰富的人，他决不想放过这次机会，两人终于圆了旧梦。

回到永镇后，爱玛每个星期都要去一次卢昂同赖昂幽会——她的借口是去学钢琴，而老实的包法利医生从来也没有怀疑过她。爱玛把自己的全部感情都倾注到了赖昂身上，沉湎于爱情的快乐之中。为此，她从服装商人勒内那儿赊购了大量的服饰，债务越积越多。

有一天，狡猾的勒内发现了爱玛的秘密，他决定狠狠地敲诈爱玛一笔。他上门逼债，迫使爱玛瞒着丈夫把房产权抵押了债务。但是，为了保持她同赖昂的关系，爱玛继续从商人那儿赊购服饰，就这样她不断借债，不断典当，很快就把家产挥霍一空。勒内上门逼债未果，就到法院起诉，把包法利家的东西全部扣押起来。

此时，爱玛已经陷入困境，她求助于自己的情人。可是，赖昂利用谎言先稳住了她，然后躲得无影无踪；在罗道夫那里，当她提出要借钱的时候，跪倒在她脚下的罗道夫安静地站了起来，说："我没钱。"直到这时爱玛才意识到：爱情不过是梦幻中的游戏，当利益交关的时候，它就萎缩了。爱玛绝望了。

回到家里，爱玛吞下了砒霜，痛苦地离开了这个世界。包法利医生为了清偿债务，把全部家产都卖尽了。在经受了太多的打击之后，这个可怜的老实人也死了。他和爱玛的女儿被一个远房姨母收养，后来把她送进了一家纱厂。

作者的本意也不是讲故事，他为小说加了一个副标题——《外省风情》。他为我们展示了一幅19世纪中叶法国外省生活的工笔画卷，那是个单调沉闷、狭隘闭塞的世界，容不得半点对高尚的理想。妇女在这个社会中更是弱者，福楼拜自己就说过："就在此刻，同时在二十二个村庄中，我可怜的包法利夫人正在忍受苦难，伤心饮泣。"

1880年5月8日，福楼拜因脑溢血去世，葬于卢昂的摩纽曼塔墓地。

亚历山大图书馆毁灭之谜

图书馆源于何时何地至今仍是一个谜。有人认为图书馆起源于古代西亚的苏美尔王国；另一种说法是，最早为人们所知的图书馆是在古埃及的寺院；还有一种观点认为，古代希腊和古代东方同是图书馆的起源地。尽管如此，有一点是可以肯定的，即到了公元前5世纪，古希腊已有了许多的图书馆，包括公共图书馆和私人图书馆。但是，古希腊时期最为宏伟、最有名望和最为壮观的图书馆不是建在雅典，而是位于古埃及的亚历山大里亚城。当时，亚历山大里亚城里有许多优美的建筑物：宫殿、庙宇、广场和花园及博物馆，其中最为有名的是亚历山大博物馆，在这个博物馆中有一个当时世界最大的图书馆——亚历山大图书馆。

亚历山大图书馆是以古希腊帝王亚历山大的名字命名的。据说，亚历山大大帝从小就爱好并熟知古希腊文化，古希腊著名学者亚里士多德便是他的老师。亚历山大喜欢读书和收藏书籍，在远征途中还带有大批图书，挤时间阅读。曾计划建造一个大型图书馆，但未等此计划实现他便因病而死。亚历山大的后继者托勒密一世索特（公元前367～公元前282年）开始了这一计划。托勒密一世虽然是一个专横的君王，但他喜欢结交文人学者，因而招聘了许多著名学者到亚历山大里亚城里来。其中

第三篇　迷雾重重的世界文化

图3-7　亚历山大图书馆

有一位学者名叫德米特利乌斯,他是希腊的演说家、诗人和历史学家,于公元前307年来到亚历山大里亚城,很快成了托勒密一世的宠臣。其后不久,他热心地向托勒密一世建议:在亚历山大里亚城建立一座图书馆和博物馆,以增加王朝的光荣,使之垂名于后世。托勒密一世欣然同意了这一建议。在德米特利乌斯的帮助下,公元前297年(或说公元前290年),托勒密一世在亚历山大里亚城最好的地方布鲁丘姆修建了一座富丽堂皇的大厦,此大厦集博物馆、图书馆和学院的功能于一体。到了托勒密二世时,又在亚历山大里亚城的西南隅一神庙——萨拉匹斯神庙中增设了一个分馆,此馆规模较小,据称藏书4万卷,有人称之为"子馆",它虽无主馆藏书丰富,但却较为开放,普通市民和学生均能使用之。

亚历山大图书馆在托勒密二世统治时最具有重要意义。它藏书甚丰,但究竟有多少,谁也无从知道。一说该馆收藏的草纸和皮纸卷轴达10万,或说有20万,再说有50万,也有人估计为70万,还有人说有100多万卷。此图书馆是当时世界上规模最大的图书馆,在长达200多年的岁月里,它作为古代希腊文化的中心,对古代世界文化的保存与交流起了重要作用。不幸的是,亚历山大图书馆后来被人毁灭。那么,这座闻名古代世界的巨大图书馆到底是怎么毁灭的？对此，先人没有给我们留下可靠的史料记载，致使这一问题成为千古难解之谜。于是，后人对之做了各种各样的猜测与假设。

一种说法是，公元前47年，罗马统帅恺撒率军队远征埃及，当时，恺撒的军队企图抢走亚历山大图书馆的图书，于是，亚历山大里亚城市的市民们放火烧毁了港口的船只以阻止书籍外运，船上的大火蔓延到了整个市区和图书馆，使亚历山大图书馆被毁了一部分。另据古代历史学家狄奥·卡西乌斯的记载，公元前41年，罗马统帅马可·安东尼从小亚细亚的另一所有名的图书馆——帕加马图书馆里把大约20万卷的图书拨给了以貌美著称的古埃及女王克娄巴特拉七世，作为对恺撒军队破坏亚历山大图书馆的补偿。

第二种推测是，公元后，亚历山大图书馆的影响已大大削弱，其中的藏书有一部分被搬运到罗马去充实罗马的图书馆。

第三种说法是，古埃及女王克娄巴特拉七世为了取悦恺撒，曾以亚历山大图书馆的藏书为代价以换取小亚细亚西北部古城帕加马的图书馆。

第四种观点是，公元273年，罗马皇帝奥列里亚努斯再次占领埃及，他烧毁了亚历山大图书馆的主馆部分，分馆部分则被保存到公元391年，基督教主教狄奥菲鲁斯以图书在异教寺院为由，下令将其全部烧毁为止。还有部分残卷可能在公元645年被穆斯林征服者奥马尔及其军队焚毁。据有一项记载，亚历山大图书馆里的纸莎草纸和羊皮纸的书卷曾被穆斯林士兵用以烧洗澡水。

第五种意见认为，亚历山大图书馆是公元646年伊斯兰教徒入侵埃及时，其首领奥马尔下令烧毁的。据说，伊斯兰教徒焚烧亚历山大图书馆是根据下述说法而为：亚历山大图书馆如藏有与《古兰经》相敌对的书籍，则该馆应予焚毁；亚历山大图书馆如藏有与《古兰经》教义相一致的图书，则这些图书毫无必要，应予焚毁；而亚历山大图书馆的藏书对《古兰经》教义或者是敌对的，或者是同情的，故亚历山大图书馆应予焚毁。

纵观上述几种假说，我们不难发现，亚历山大图书馆被毁灭的各种假说间有较大差距，但也不乏共同点：一是亚历山大图书馆是由于外族入侵而被毁的；二是毁坏的方法大多为火烧；三是毁坏的原因也多与宗教有关；四是破坏或毁坏并非在短时间内完成，而是经历了一个长期的过程，遭受了多次劫掠和破坏。

毫无疑问，在好几百年的时间内，亚历山大图书馆是世界上的奇迹之一，它的毁灭是世界历史上最大的文化浩劫之一。随着亚历山大图书馆的被毁灭，对古代世界的许多情况我们便不得而知，许多问题便只能靠推测了。

大洪水与诺亚方舟之谜

人类自诞生以来，就历经劫难，《圣经》里所说的大洪水就是其中的一次，幸亏有了生命之舟——诺亚方舟的出现，才使人类得以薪火相传，得以幸免于难。

然而，诺亚方舟与大洪水是确有其事还仅是传说呢？

荷兰人托伊斯在17世纪曾写过一本附有方舟的插图的名为《我找到了诺亚方舟》的书。根据近代科学研究所得，在距今6 000年前，的确曾出现过一场特大洪水，洪水泛滥到伊朗、土耳其和亚拉腊山。

不过探险家们在1792年、1810年、1876年，多次登上亚拉腊山，也没找到任何线索。

一位名叫弗里得里希·帕罗得的爱沙尼亚登山家于1972年初次登上亚拉腊山顶峰。

1850年，盖尔奇科上校带领的土耳其测量队也登顶成功。

亚拉腊山在1883年发生大地震，对灾情进行评估和考察的委员来到亚拉腊山，在亚拉腊山被地震震裂开的地段内发现一艘大木船，由于船体大部分在冰川内嵌着，所以它的具体长度人们无法估计，大概估计船体高约12~15米。

当然，地球曾发生过特大洪水也得到了相当多的科学家的认同。土耳其科学家指出，大约在13 000~14 000年前，特大洪水高大的浪潮自今天的黑海越过马尔马拉海进入到地中海内，并且许多人类居住地在高达数百甚至数千米高的巨大浪潮冲进地中海时，即被淹没了。

今日星罗棋布的爱琴海岛屿形成的原因就在于此，许多传说中陆沉的"亚特兰蒂斯城"可能也被埋藏进了海底。

因在1985年找到泰坦尼克号残骸而在探险界颇有声名的罗伯特·巴拉德在2000年宣称，在距土耳其沿岸约19千米远的黑海海平面以下约94千米处，他率领的一支远征小队发现了一个呈长方形的地基。

他猜测在被大水吞噬以前，那里可能曾经是一座建筑的旧址。根据近来的科学发现，科学家们断言，地球上曾发生的世纪大洪水和《圣经》里讲述的诺亚方舟的故事有一定的联系。

经络学说之谜

中国传统的中医早已走出了国门，特别是针灸、推拿、气功医疗，更是享誉世界。于是，作为针灸、气功的理论——经络学说，也引起了越来越多的学者投身于用现代科学去加以证实的热潮中。

所谓"经络学说"，是从经络的分布与功能来阐述人体内脏与体表、内脏与内脏各部分间的相互联系与气血运行的理论。但从近代开始的新科学，是以实证为其基础的，现代医学也是以实证的解剖学为基础的。

然而，原先万试万灵的解剖学在经络学说面前一筹莫展，连 X 光射线也探寻不到半点踪影，于是经络学说似乎只是一个虚空的幻想假说。但针灸等的实际功效毕竟是客观的事实，不能不令人继续知难而进。而且，越是困难越能激起人们的激情，于是人们动用更多的手段与仪器设备，例如声、光、电、磁、热、核等，投入对经络学说的探寻中去。

果然是功夫不负有心人。在如此大规模持之以恒的不懈努力之下，终于有了卓有成效的进展，大多学者相信了人体确实在神经与血管之外还有一个信息传播通道——"经络"。

但这只是一个进展，离开真正探明"经络"的实体物质这一终极目标，依然还远得很。到目前为止，科学工作者在大量实验与事实的分析研究中提出了许多推论与假说，甚至因为数量太多而无法做出准确的统计。据大致的统计，除了最早的神经说、血管说等以外，现在的各种假说实在是太多了，如"神经节段

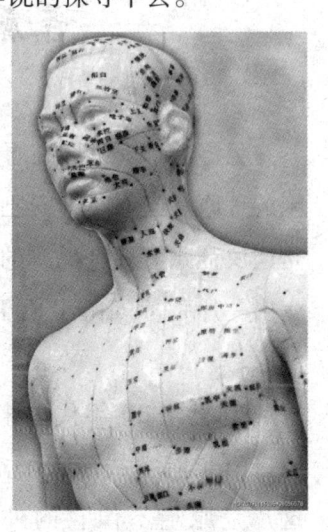

图 3-8 经 络

说"认为，经络是指与人体皮肤肌肉相关的神经节段；"中枢神经说"认为，经络现象发生在中枢神经内部；"神经——体液说"认为，经络是神经反射与体液（细胞内液）调节的共同作用。此外还有神经胶质细胞说、血液循环的分配网络说、淋巴管系统说、微循环说、肌肉说，等等。

可以说，在现代科学史上，对一个课题做出如此之多推论与假说的，即使不是独一无二的，至少也是极为罕见的。

尽管有了这么多的推理与假说，但离疑案的解开恐怕还远得很。因为在目前，无论哪一个推论或假说都有着明显的不足与缺陷。即使把它们都加在一起，也并不能说明什么是"经络"。

"经络"的物质实证确实可以称为"世纪难题"，而要把"经络学说"升华为关系人体信息传播的理论，首先要解决这个难题。世界各国

的科学工作者们对此信心坚如磐石,他们决心要在 22 世纪中解决它,为经络学说取得现代科学的实证。

荒原巨画的作者之谜

秘鲁南部安第斯高原上帕尔帕山谷中央围绕着一块面积为 300 平方千米的荒原。当地印第安土著把它称为帕姆帕荒原,意思是绿茵盖地。可是这块荒原上只有裸露的呈铁锈色的岩石覆盖四野,此外空无一物,显露出一片荒凉。由于位于纳兹卡古城附近,这片荒原也被称作纳兹卡荒原。

20 世纪 30 年代以来,安第斯山区有了航空线。人们逐渐发现,这片荒原绝不像它的外表看起来的那般粗糙简单,而是埋藏着很多秘密。有一位喜好冒险的富翁曾租乘一架小飞机在纳兹卡荒原上空来回飞行,当他从飞机上俯瞰这片荒原时,他几乎不敢相信

图 3-9　荒原巨画

自己的眼睛:荒原上面隐隐透显出许多图案。他驾驶飞机在高原上空超低空盘旋,这下子很清楚地看到了一幅幅几何图形和动物的图案。消息传开,轰动一时。一支由历史学家鲍尔·科逊克率领的考察队很快闻讯而来。他们发现黑褐色的高原表面,不时被掘出 15 厘米~20 厘米深的浅沟,露出黄白色的垩土。为了弄清这些浅沟的走向,考察队员沿着一路浅沟前进,同时在地图上做了浅沟走向的方位与形状的标示,这样,发现这条浅沟最终呈现出一只巨鹰的图案,喙长将近

100米，喙端还衔接着一段长约1.7千米的笔直沟线，翼长90米，尾长40米。奇怪，是什么人在荒原上刻画出如此巨大的鹰图？

考察队员又从高空俯瞰荒原，发现数千条浅槽朝着不同的方向，形成一组组奇妙的动物、植物图画，组成三角形、长方形、正方形、螺旋形、梯形、星形、平行四边形等多种几何图形。同时还有不少奇形怪状的动物图案，其中仅鸟类就有18种之多。像亚马孙河蜘蛛、猴子、鲸鱼等与此地干旱的气候，寸草不生的环境简直格格不入。尤其是亚马孙河蜘蛛，仅仅生活在亚马孙雨林中，描绘在荒原上的蜘蛛怎能如此精确地体现出身体结构，特别是位于右脚末端的生殖器官呢？难道说，当地印第安土著把这片荒原称作帕姆帕荒原（意为绿茵盖地）并非空穴来风，这里曾经是一片绿树匝地的热带雨林？这可能吗？真是让人百思不得其解。尤其是，这些巨大的图像非常精确地间隔一定距离就重复出现，一般每隔几十千米就重复出现一批动物形象，绵延可达数百千米。这些荒原巨画中偶有人物形象，大到方圆数千米和几十千米。有个人像高达620米；还有一个人像没有脑袋，却长了6个手指。

显然这些面积广大的岩画并非信手涂鸦，而是怀抱一定目的。鲍尔·科逊克发现，冬至日和夏至日这两天，西沉的太阳光线与巨鹰喙的沟线恰好重合。这里面包含什么天文学的含义吗？科逊克和其他人把纳兹卡高原平面图与星相图进行对照，发现它确实与四季的天文变化有关。有的标记表示月亮升起的地点，有的指出最亮星的位置。但也有人对科逊克的说法进行反驳，认为更多的道路和沟壑的指向毫无规律可言。

美国考古学家塞缪尔·诺恩罗普曾注意到一个奇怪的事情："在帕拉卡斯和纳兹卡发现的丧葬织物中，有一些长20米、宽6米的布。在世界上，任何地方都没有可以织出这么宽大布匹的织布机。在帕拉卡斯发现的第49号木乃伊所裹的织物共26块，最大的一块长28米、宽近4米。

而织这么宽大的布，就需要160千米长的双股棉线。"

法国考古学家亨利·斯蒂埃尔林从塞缪尔·诺恩罗普的发现中受到启发，认为纳兹卡地区的空场实际上是哥伦布发现新大陆前织布人的工场。人们首先挖好横穿大地的直线，把单股棉线按去和回的方向双双摆放在凹线上，盘绕成为双股棉线。用这种方法，足可生产出长达数百米乃至一千米长的棉线。

据亨利·斯蒂埃尔林所说，在安第斯山脉的所有部落中，织物是极其珍贵的，它可以当钱用，可以作为将被俘的酋长赎回的赎金，甚至比黄金还要宝贵。土人们更是把裹尸布看作再生之地，裹尸布对于他们的重要性简直非同小可。

但是新的考古发现又带来新的种种猜测。

在秘鲁海岸的比斯科海湾，有一面呈红色的高大石壁，上面刻着一幅长达250米的图案，看起来很像是三叉戟，其中戟直指纳兹卡荒原。

在纳兹卡岩画中人们还发现一个奇怪的图案，令人见到后不禁会想起现代化机场的停机坪。

埃里希·马·丹尼肯在《飞返诸星》一书中认为，"离纳兹卡小城不远处，在一块荒无人烟的平原上，很久以前曾经有外星智能生物降落，并建造了供他们宇宙飞船使用的起降坪，那应是些在地球附近行动的飞船。他们在这块十分平坦的地上做了两条跑道，也许还用不为我们所知的金属将着陆坪盖上了。那些宇航员完成任务后就飞回了他们的星球。纳兹卡一带曾住着印加时代之前的部族，他们惊异地观察非常讨人喜欢的外星人干活，并热望这些神归来。他们等待了许多年，当他们的理想没有实现的时候，便动手学'神'的样制作新的跑道。于是就产生了宇航员修筑的两条起落跑道之外的附加图形。"图形和跑道指向遥远星空的天体似乎说明他们有意将信号道指向星星，有着明确的愿望。

墨学是乌托邦式的空想吗？

墨学与儒学是先秦公认的两大"显学"，但它们却有着截然不同的历史命运。

儒学可以说是走了红运，墨学却是交了噩运。墨学作为一个独立的学派，早在秦汉之际便灭绝了。

墨学为什么会中绝呢？近年学术界以前所未有的热情进行了探讨。

有人从外部找原因，认为墨学的中绝是由于它不再符合时代的需要。

因为春秋战国时期，社会经历着大变革、大动荡，各诸侯国都在寻求富国强兵之道，所以才出现了百家争鸣的繁荣局面，代表劳动人民利益的墨学也应运而生了。也就是说，墨学的产生和存在，离不开当时的政治文化背景。

而秦汉以后，政治上实现了统一，思想上也要求统一，百家争鸣已不再为统治者所需要，墨学便失去了存在的条件，逐步消失了。

有人认为，墨学是代表劳动人民利益的，当大一统的封建统治秩序确立后，墨学不但不能被统治阶级利用，反而对之有害。如墨学反对剥削和压迫，主张平等、博爱和科学，要求统治者同人民一起同劳苦，甚至要求统治者作人民的公仆。

这样的学说触犯了统治阶级的根本利益，是他们不能容忍的。此外，墨学崇尚侠义的精神，重个人义气，往往蔑视政府的法令，他们的侠义行为所针对的社会邪恶势力又往往与官府的势力密切相关，所以必然会被认为是犯上作乱的危险人物而遭到镇压。

有人将墨学的历史命运同儒学的历史命运联系起来考虑，认为墨家从一开始就是作为儒家的反对派出现的，儒家独尊以后，也不能容忍这种唱对台戏的学说存在。

有人从墨学内部找原因，认为墨学中充满了乌托邦式的幻想和自相矛盾之处，许多主张都过于天真和理想化了。

墨学的主张如幻想统治者与被统治者的利益完全一致，可以平等互利、互爱互助，共同参加劳动；要求统治者活着时要做人民的公仆，死后也不能搞特殊化；认为各级行政长官都应是由人民层层选举出来的贤者；都能代表人民的利益。这些都是天真的幻想。

墨学中还有许多自相矛盾之处，如科学思想同宗教迷信思想并存、等级观念和平等观念并存等。这些天真的幻想和理论上的自相矛盾削弱了墨学，不利于它的流传。

图 3-10 墨 学

还有人认为，墨学之所以中绝，是由于它的许多主张都过于激烈，走上了极端，以至于违背了人之常情，令人无法接受。如"兼爱"的主张要求人们要像爱自己的父母一样爱所有的人；"节用"的主张要求人们把衣食住行的标准都降到最低的限度；"节葬"要求埋葬死者要"桐棺三寸而无椁"，并反对服丧；"非乐"反对人们欣赏音乐。

这些主张都过了火，违背了人的本性，有多少人会甘心过这种囚徒或苦行僧般的生活呢？这也是墨学难以流行的一个重要原因。

墨学的中绝是一个重大的学术问题，其原因是综合的、复杂的，还需要在争鸣中做进一步的深入探讨。

古埃及人制造木乃伊的原因是什么？

"木乃伊归来了！"这只是前不久一部好莱坞电影的宣传词，看到木乃伊，人们只是会感到好奇和恐怖，对于古埃及人为何要制造木乃伊，人们却知之甚少。

一个法老死亡之后，首先举行寻尸仪式，随后举行洁身仪式，把死者遗体解剖开，取出脑髓和内脏，然后将其浸入一种防腐液中，除掉油脂，泡掉表皮；待70天之后，再把尸体取出晾干，体腔内填入香料，外面涂上树胶，以防止尸体与空气接触，最后用布将尸体一层层裹扎起来。这样一具经久不腐的木乃伊就做成了。安放遗体之前，还要举行神秘而隆重的念咒仪式，为木乃伊开眼开鼻，把食物塞进它的嘴里。据说，这样它就能像活人一样呼吸、说话和吃饭了。最后举行安葬仪式，把木乃伊装入石棺。这样，金字塔就是它们永久的归宿了。这样残酷地处理尸体，如果不是认为这样可以防止尸体腐烂，待神灵降临之际，能够唤回死者灵魂与肉体的复活，恐怕古埃及人就不会这么干了。

图3-11 木乃伊

激动不已的考古学家用战战兢兢的口吻告诉人们下述事实：美国科学家1954年在埃及萨卡拉地区，发现了一座从未被盗的坟墓，墓中的金银财宝依然完好，在黑暗中熠熠生辉。北科尼姆教授带领考古人员撬开滑动的、但不可拆卸的石棺盖时，空无一物的棺材让他们迷惑不解。

在1955年，科学家们发现库尔干五世的坟墓。人们大为惊叹地发现，整个墓室堆满了长年不化的冰块，墓中所有的随葬物品保存完好。一对全身赤裸的男女安眠于冰块之中，宛似活人。他们神态安详，并若有所思，看他们的样子，好像还对人间恋恋不舍。

只有那些相信来世转生的民族，才会如此煞费苦心地保存尸体。

那么，谁又是那无处不在的"神灵"呢？

《巨人传》的创作之谜

如果问自有故事出现以来，最有趣、获利最多的故事是哪个呢，你也许会说是这个故事，他也许会说那个故事，但几乎没有人会提到《巨人传》。如同这部书问世时所产生的效果有些出人意料一样，它是最有趣、获利最多的故事可能同样出乎您的预料。这本奇书的作者就是文艺复兴时期法国著名文学家拉伯雷（约公元1483~1553年）。

拉伯雷生于法国的希农，父亲是一位发达的法律公证人。他很早就被送进了圣方济修道院，在那里被修道院的图书馆吸引，开始研究希腊文。公元1521年，他接受神职，后因被怀疑有异端思想而离开了圣方济修道院。公元1530年，他进入蒙皮立的医学院，并很快在公元1531年获得医学士的学位。公元1532年，他成为里昂市立医院的医生。后来他又再度研究于蒙皮立医学院，接受医学博士学位，在那儿对广大听众讲课。回到里昂后，他继续医生兼学者的生活，经常在聚集的学生面前，一边解剖一个被处决的罪犯，一边讲授解剖学的课程。公元1546年至1547

年，他避难梅斯，在那里的市立医院里充当一名医生。公元1548年，他回到里昂。公元1549年，他到巴黎去，在首都西南方的一个教区内担任牧师的职位，最后病死在那里。

拉伯雷并不是一个典型的医生，他行医的同时，并没有放弃对学术，尤其是人文主义思想的追求，他对法律、文学、神学、烹饪、历史、植物学、天文学和神话等都具有专业性的知识。同时他本人还喜欢与在田园或街道上遇到的人亲切地交谈，欣赏他们的玩笑、夸大的故事和夸张的下流话。他从他们那里听到了当时流行于农村地区的一个故事：说一个仁慈的巨人，名叫高康大，拥有洞穴般的胃口以及无穷的力量。当他走过时，从他篮子里随处掉下小山和圆石。拉伯雷把这个故事记录了下来，并在公元1532年在里昂出版。没想到这个故事非常受欢迎，销路极佳，于是他又陆续写了有关这个故事的续篇。这就是被誉为世界文学史上重要文化遗产的长篇小说《巨人传》。

拉伯雷创作《巨人传》耗费了近二十年的时间。该小说共分为五部。第一部叙述乌托邦王子高康大由于受经院式的教育变得愚蠢，后来改受人文主义的教育，到巴黎学习。不久，列尔内王毕克罗寿侵略乌托邦，高康大从巴黎回到国内，遇见约翰修士，结为朋友，共同抗击侵略，反对封建掠夺战争。第二部描写高康大的儿子胖大官儿在法国努力学习科学，后来渴人国侵略乌托邦，胖大官儿回来，抗击侵略并征服了渴人国。第三部描写胖大官儿在渴人国推行仁政，深受人民爱戴，接着又叙述胖大官儿的朋友巴吕奇害怕结婚后妻子不贞，对结婚一事犹豫不决，请教了各式各样的"哲学家"，他们都提不出合理的建议，于是决定跨海到灯笼岛去寻访神壶。第四、五部描写胖大官儿和巴吕奇等寻访各岛，最后终于找到了象征真理的神壶。拉伯雷利用民间故事中的巨人形象，通过他们的事件，严厉批判封建社会及其意识，尖刻地讽刺教会和教士；强调人的自然本性，主张人应该有全面而和谐的发展；坚决反对中世纪禁欲主义、经院派的神秘主义和迷信；书中也提出了作者理想的君主制度、理想的教育和社会结构。这部小说用漫画、夸张的笔调写成，在揭穿当时封建社会的假面具时，作者运用了大量的戏谑文字，甚至俚俗的描写。书中充满了成语、格言、笑料、双关语、俏皮话，这种通俗而朴实的大众语言更有力地表现了作者反教会、反封建的思想。也正因为书中所蕴含的这些思想，拉伯雷受到教会的迫害，经常被迫迁徙。

但是有不少人认为拉伯雷的《巨人传》是抄袭品，说好听点儿是众多别人作品的集大成者。毋庸讳言，他在这部作品中借用了大量同时代或以前时代的东西。如他自行取用了德意志人文主义者伊拉斯谟的谚语集中成百条格言式的片段，并仿效了愚者的赞美或箴言集；他吸收了蒲卢塔克作品中半百的项目；他把卢奇安的《天堂对话》和弗伦戈的《自溺之羊》的故事据为己有。当时流行一个喜剧，说的是一个男人治好了他妻子的哑病后，反而后悔了。拉伯雷把这个故事作为自己作品的题材之一。他还有成百的题材是从中世纪的法国流传下来的故事诗和插曲得到暗示的。在描写巴努支航海时，他依靠的是新世界和远东探险者出版的著作。但是，即便拉伯雷借用了这么多人的作品，那些指责者都不否认，没有哪位作者比拉伯雷更富有创造性，因为他偷窃而来的这些东西，一经过他的手就更臻完善，他都能让它们服务于他那种不虚饰、不文绉绉的、自然、简易、流畅的叙事风格。不仅如此，拉伯雷的作品对后世法国著名作家伏尔泰、巴尔扎克、夏多布里昂等人有巨大影响，对斯特恩、斯威夫特、特罗洛普和金斯莱等英国作家也有重要影响。这大概也是那些指摘《巨人传》是抄袭品的人所无法回避的。

《根》风靡美国之谜

美国著名黑人作家亚历克斯·哈利的长篇小说《根》出版于 1976 年秋季。这部小说，一经出版，立即轰动了整个美国，一夜之间，销售了数十万本；许多几乎在正常情况下不买任何书的人，也不惜花钱购买此书的精装本。甚至在大城市杂货店和超级市场珍藏的昂贵版本竟被不良少年偷走，并被弄到汽车和小巷里削价出售。《根》无论在何处，都成为各阶层人民的热门话题。1977 年 1 月最后一周的晚上，全美人民都集中在电视屏幕前观看由《根》改编的文艺节目。美国广播公司还准备编写系列节目。的确，这一切充分表明，美国黑人不仅尊重其祖先的经历，而且深深认识到，白人道貌岸然的形象也应受到挑战。

长篇小说《根》受到美国人民如此热烈的欢迎，是美国文学史，尤其是美国黑人文学史上罕见的。那么，其原因是什么呢？美国海内外的许多文学评论家和历史学家提出了许多不同的见解。

美国文学评论家丹尼尔·霍夫曼对此做过较深入的分析，认为《根》描绘的虽然是作者哈利虚构的一个黑人大家族的故事，但它是一部典型的书，与其他黑人作家写的书有很大的差异。书中所描写的大人孩子的毁灭是建筑在现实基础上的；它是一篇细致入微的调查报告。作者以忍耐和同情的心情，探索和揭露了人类受害和死亡的现实。此外，该书以合情合理的笔法把现实暴露出来，并给人以启迪。

主宰哈利小说的一个基本原则据说是"追加法"。如果说哈利的小说是一部编年史，它也是以哈利大量的调查研究为基础的：他在三大洲的图书馆和档案保存处研究了 12 年之久，广泛阅读历史和人类学著作，其目的显然是想从中找出证据。但是，在哈利最终写成的小说中，繁琐的奇闻轶事要比其笔记记录的少得多。

还有，这部书之所以具有感人至深的魅力，是因为它刻画了黑人英勇顽强的形象。人们应当重视其本身创造的历史，并应从中取材写成鼓舞人们进取的文学作品。《根》使一度不承认作者人道主义精神的民族更加珍视黑人文化了。

但是，美国著名文学批评家莫里斯·柯尔登和大卫·普罗特则持有大相径庭的看法，他们认为《根》的知名度之所以越来越高，与作者涉及"剽窃诉讼"有着密切关系，尽管有的诉讼是在法院外面解决的，有的后来放弃了。他们认为至少有三位作者对亚历克斯·哈利的《根》提出起诉。玛格利特·亚历山大小姐控告哈利侵害了她的长篇小说《佳节》的版权，但她的起诉在1978年被联邦法官拒绝了。同一年，哈罗德·库尔兰德指控《根》的真实材料取自他1967年出版的长篇小说《非洲人》。此案后在法院外面获得解决，哈利向库尔兰德及其出版商支付了赔偿金，但未公开透露过。第三宗起诉是由艾玛·保尔小姐提出的，她控告哈利的《根》是根据她的传记性作品《毋庸置疑的真理》而起草的，此书在《根》之前就已交给哈利的出版商，但此次诉讼也被撤销了。

此外，有些研究人员还指控哈利有欺骗行为，指出其《根》的基本事实有不实之处。哈利承认，其书的某些部分是虚构的，但是坚持认为他的书是"人民的象征性的历史"。

这些文人对哈利的指责和控告不但没有影响哈利的书的畅销，反而更加强了公众的好奇心，从而使这本书越来越驰名。

然而，有的历史学家如本杰明·夸尔斯却与控告者持有完全不同的看法。他认为，这本书的巨大力量主要在其主题的广阔和内容的丰富，这本书的副标题是美国的一个家族。它的确表达了打破种族和肤色界线的美国人的共同认识和愿望。此书通过对非洲历史事件的精彩描绘，揭示了深刻的主题和观点。这部著作阐明了美国历史上的黑人经历这样一个中心主题，震动了全美人民的心弦。哈利本人也明确表示，此书是作为"生日礼物而献给我的祖国的"。小说在1976年美国二百周年国庆期间发表,显然正逢其时,意义深远。《根》的发表是对美国建国的基本原则和崇高目标的公开支持。

《根》所强烈表现的美国人实际上是同样重要的美国——非洲人。哈利的家庭起源于其赖以自豪的土地——非洲。的确,他总是认为其祖辈是非洲人。在广阔的非洲背景下,《根》表达了这种重新发现非洲的意识,他对此感到自豪。在黑人圈子里,他们对以往非洲的感情正在增长,他们寻求非洲的新生,把她视为文化的发祥地。非洲人创造精神的普遍影响可以从美国现代艺术中感受到,无论是在油画、雕刻,还是在音乐和舞蹈等方面都不例外。他们对故乡的认同是深刻的,认为故乡给了他们天赋和才华,并因此开始穿上非洲式的衣服,梳成非洲人的发型,在非洲研究联合会和非洲——美国研究院等机构和组织的鼓励下,大专院校里的黑人学生呼吁设置有关非洲的课程。

你认为哈利的《根》所以成为一本畅销美国甚至全世界的书,究竟是什么原因呢?你同意上述其中的一种观点吗?

最早的茶叶专著之谜

我国唐代陆羽所著《茶经》距今约有1 200多年的历史,为世界首部茶叶专著。全书分为上、中、下三卷十节。

《茶经》不仅系统性地总结了茶树的起源、产区、生长习性、栽培、采制、品类、煮调、茶具、品饮等方面的知识,并且对唐代以前的关于茶叶的科学知识及实际操作也进行了系统总结,这些都是前所未有的。该书是世界上首部研究茶叶的科学著作。它的著成,对继承和发扬我国古代文化贡献巨大,故唐代后的历代茶商把陆羽奉为"茶神""茶祖"。

图 3-12 茶 叶

《神曲》的完成时间之谜

公元1265年，但丁·亚利基利于意大利的佛罗伦萨城出生。他从小热爱文艺，逐渐成为一个出色的艺术家。他在艺术的创作道路上勇于创新，拉开了意大利文艺复兴的序幕。他的代表作品《神曲》是用意大利方言托斯坎尼语写成的，给后世带来极大的影响。

但是对于这部名作的著作年代，学者专家们却意见不一，看法各异。其中最有争议的问题是：但丁写作这部史诗是在他公元1302年被敌党放逐出佛罗伦萨之前，还是在此之后呢？作者是什么时候将想象中的幽明三界之观念写成一部长诗呢？

文艺复兴时期的大师薄伽丘认为，《神曲》是于公元1300年开始写作的，也就是在但丁被逐以前。但薄伽丘又认为，但丁被放逐之后，在整理那些未完成的旧稿时，可能又对之加以全部改写。薄伽丘的这一观

第三篇 迷雾重重的世界文化

图3-13 神 曲

点是从但丁的作品《新生》中得到的暗示。

在《新生》的末尾,但丁加上了一段说明,即但丁梦见贝德丽采在天堂。这梦倘使按照《新生》成书的年代来说,应该是1292年的事情。

然而在1310年以后,他再整理旧稿时,心情已发生了改变,他将本来预定赞颂最光荣的女性的诗篇改作对于政治社会的批评了。这就是我们现在所见的《神曲》。在这时的《神曲》里,贝德丽采不再是"爱情"的化身,而成了"信仰"的象征。

对《神曲》各部分的脱稿时间也有不同意见存在。有人通过对但丁的政治主张和《神曲》内叙述的故事的研究,他们较肯定地认为"地狱"篇开始于1308年以前,"炼狱"篇则在1308~1312年间开始,"天堂"篇肯定是在1314年以后开始。普遍的意见认为,"地狱"篇完成于1308年,"炼狱"篇可能完成于1313年,而"天堂"篇则只不过是在但丁去世时刚刚完篇的"初稿"而已。

尽管对但丁《神曲》写作的时间推测各不相同,但有一点是比较为大家所接受的,那就是《神曲》的"地狱""炼狱"和"天堂"3个部分不是在一个时期里完成的。

最古的草药书之谜

世界上最古的草药专书是中国的《神农本草经》。遗憾的是，大约在唐末宋初之时，渐渐失传。不过，值得欣慰的是中国古代自然科学典籍将前人书籍中的有关内容基本保留下来，使后人得以了解它的概貌。

关于《神农本草经》的成书年代与作者，众说纷纭，莫衷一是。据考证，《神农本草经》最初只有一卷，为战国时代扁鹊弟子子仪所著，其余部分均为后代增补。《神农本草经》中记载了365种药物，包括草、米、谷、木、果、鱼、虫、家畜、金石等。原作者把它们分为上品、中品、下品3种类型。

《神农本草经》自问世以来一直广为流传，直到唐末宋初才渐渐失传。它对中国药物学的发展

图3-14 草 药

有深远的影响。中国历代本草医药专书，都是以《本草经》所载药物为基础增添修订而成。如南朝陶弘景的《神农本草经集注》、唐代的《新修本草》、宋代的《开宝本草》、明代李时珍的《本草纲目》，追溯其本，都是从《神农本草经》发展而来。

古希腊雕塑赤裸之谜

在人类文明的发展史上，欧洲文化出现了四大高峰，第一是古希腊与古罗马时代，而这个时代的艺术，以希腊的雕塑为中心艺术。那时雕塑极为普遍，以致后来罗马清理希腊遗物时，罗马城中雕像的数目与居民的数目相等。现代人在欣赏古希腊雕塑艺术的时候，或许会说：为什么有相当数量的雕塑，眼睛没有眼球？为什么雕塑都没有表情？在当今社会裸体艺术还有诸多禁忌的时候，人们更会发问：为什么古希腊雕塑都是裸体的？裸体造型艺术何以如此普遍？

对这一问题的探讨，曾困扰了几个世纪以来的无数智者、学者和专家，其观点看法又是如此的大相径庭。直至今天，这种争论仍在继续之中。有一种说法，认为古希腊的裸体艺术源于原始社会的裸体风俗。农业社会之前的原始人，对男女外生殖器的表达较为突出。如太平洋诸岛、南洋群岛和非洲的原始人，都刻意装饰和显示自己的外生殖器。这种以性为主的裸体美，是由于原始人把性看作大自然赐物，生命与欢乐的源泉。在欧洲，早在旧石器时代的"奥瑞纳"文化里，就出现了法国鲁塞尔洞的浮雕裸女和奥地利委连多尔夫的圆雕裸女。这些作品都夸张表现女性的乳房，这是同原始生产力落后、人们渴望生产力旺盛离不开的。在古埃及的壁画和雕刻作品中，对裸体有了进一步的刻画。到了古希腊罗马时代，裸体艺术则达到了一个高潮，如著名的断臂维纳斯雕塑就是其中的一个杰作。

古往今来，大多数人认为古希腊人雕塑采取裸体的形式，和当时战争的频繁与体育的盛行紧密相关。大约在 3 000 年前，爱琴海一带出现了无数城邦，由于各个城邦都想占有其他城邦，因此当时的公民只有两个职责，就是公共事务和战争。为了培养懂政治、会打仗的公民，就出现了一种特殊的教育。著名哲学家柏拉图的《对话录》、丹纳的《艺术哲学》都说：那时战争全凭肉搏，因此每个士兵都得锻炼好身体，愈强壮愈矫健愈好。青年人大半时间都在练身场上角斗、跳跃、拳击、赛跑、掷铁饼，把赤裸的肌肉练得又强壮又柔软；目的是要练成一个最结实、最轻灵、最健美的身体，而没有一种教育在这方面做得比希腊教育更成功的了。这便是希腊的特殊教育。战争带来了体育的盛行，古希腊是一个体育大出风头的时代。当时，几乎没有一个自由民不经过练身场的训练，运动不高明的人，则被人看不起。希腊人的孩子从会走路开始，就要接受体育训练。那时的体育教师才是真正的健美专家，训练出了一大批体格健美的青年人，也培养了一大批合格的模特。当时的艺术家大多兼体

图 3-15 裸　女

育教师，如喜剧家阿里斯托芬等人。古希腊各个城邦每逢节日，都要举行体育竞赛，从中挑选出最有气力、身手最敏捷的青年。在当时运动会上，人们并不以裸体为耻，青年男女为了显示自己健美的体魄，常常把衣服脱光。斯巴达的女青年参加运动会，也常常是全裸的。古希腊历史学家普鲁塔克曾记述当时少女们裸体参加运动会的情景说："尽管少女们确乎是这样公开地赤身裸体，却感觉不到有什么不正当的地方，这一切的运动都充满嬉戏之情，并没有任何的春情或者淫荡。"另一位美术史学

家阿尔巴托夫也说过:"无论在希腊人之前或希腊人之后,人们再也不能那样单纯无邪地去看待裸体了。"对于运动会上的优胜者,人们都报以雷鸣般的掌声,姑娘会向他献上鲜花桂冠,诗人为他作诗,雕塑家为他塑像。罗丹还说道:"希腊人这种特有的风气产生了特殊的观念。在他们眼中,理想的人物不是善于思索的头脑或者说感觉敏锐的心灵,而是血统好、发育好、比例匀称、身手矫健、擅长各种运动的裸体。"基于这种思想,裸体雕塑自然成了当时的艺术主流。从艺术规律来看,雕塑为三维空间艺术,有实感,最能表现力量。而那些运动场上的优胜者和美丽的肌体都可成为雕刻家最理想的模特儿。

世界驰名的学者美国伯恩斯教授、拉尔夫教授在其力作《世界文明史》中说:"希腊艺术所表达的是什么?总而言之,它是把人文主义象征化——即是把人视为宇宙中最重要的造物而加以赞美。尽管许多雕刻描绘神,但这一点也不减损人文主义的本质。希腊人的神是为着人的利益而存在,所以他赞美神也就是赞美自己。建筑和雕刻二者都是把平衡、和谐、秩序和中庸的思想具体化。"在他们看来希腊的裸体艺术和他们的审美观念有关,表现人体的美术作品具有特殊的审美价值。人乃万物之灵长,造化之极点,具有特殊的魅力。在古希腊人的观念里,万物之中,数人最美,所以在竞技场中会出现欢呼雀跃的裸体群。"健全的精神寓于健康的身体",这是他们信奉的一句至理名言。然而,从总体上来说,希腊雕塑的裸体,和战争、体育以及审美都是有联系的。希腊的人体雕塑主要是希腊现实生活的反映,可归咎于社会原因:军事海盗式争夺、相适应的体育运动裸体竞技、久而久之所形成的特殊审美观念。当审美观念一经形成,往往会逐渐离开了原来的实用目的,而具有相对独立的审美意义。于是,裸体雕塑就大量地出现了。

近几年来,我国学者对上述观点提出了挑战,主要表现在潘绥铭等人以为希腊裸体雕塑是当时性快乐主义风尚的产物。他写道:"人类的裸体有三种性的特性。第一性征是男女外生殖器的不同形状,是由动物继承而来。第二性征是男女体型和体表的不同,主要有乳、臀、阴毛、肤质和身体结构的差异,是从猿到人进化中由供养制度造成。第三性征是两性的心理、气质、风度和行为的不同,是社会文化的产物。这三种性征相应构成性吸引与性审美的三个层次:生理的、心理的和习俗的。三者并非一个高于一个,而是由社会文化背景决定,按不同结构共同组合成不同形式。古代希腊罗马奠定了西方文化中裸体美的基本模式,并为我国当代艺术界接受。它既非源于裸体风俗,也非来自体育活动,而是当时性快乐主义风尚的产物。它在保留第一性征的基础上,强调第二和第三性征。其主要表现原则有三:1. 不隐讳男女外生殖器。2. 身体结构的理想化,如女乳由肥大下垂变为圆锥形高耸,臀部由左右宽大变为前后突出等。3. 以动态和神态来表现第三性征,同时强化第一和第二性征。这种裸体美的典型和极品,并非我国熟知的'断臂维纳斯',而是现存于罗马的阿芙罗蒂无头立像和跪像,以及爱神群像。"

最近,新疆大学历史系教授苏北海经严密考证后做出了一个惊人的论断:中国裸体艺术起源于新疆,而非古希腊,新疆的裸体艺术甚至影响了古希腊的裸体艺术。苏北海在长期考察、论证了公元前 10 世纪以前的新疆裕民县巴尔达库尔、米泉县独山子村、呼图壁县康家石门子的生殖崇拜岩画后认为:早在公元前 10 世纪以前,天山南北就出现了裸体艺术,而古希腊的裸体艺术则产生于公元前 4 世纪。确切地说,中国古代天山南北的裸体艺术早于并影响了古希腊的裸体艺术。这一观察是否科学,目前有关专家正在进一步的研究、探讨之中。

诺贝尔奖之谜

诺贝尔奖是当今世界上,对学者的最高褒奖,但在它设立之初,却伴随着一起激烈的家庭遗产纠纷。

诺贝尔是瑞典化学家,他于1833年10月21日生于瑞典斯德哥尔摩,1896年12月10日卒于意大利圣雷莫。他从小受父亲影响,对化学产生了浓厚兴趣,曾在美国人丁·埃里克森的实验室中工作过4年。

图3-16 诺贝尔奖

1857年,诺贝尔因发明煤气表而取得他的第一个专利。1859年,诺贝尔开始研究硝化甘油,1867年他研制的达纳炸药获得专利,此后,他于1876年因研制成功炸胶,1887年因发明无烟炸药两次获得专利。

诺贝尔是个了不起的发明家,他源源不断地研制出雷管、甘油炸药、炸胶,被广泛用于隧道工程、运河修建和采矿工程;他所发明的无烟火药奠定了现代军事工业的基础。

1884年,诺贝尔获得瑞典皇家学会、伦敦学会和巴黎土木工程学会的会员资格。诺贝尔经营油田和炸药生产,积累了巨量财富,成为日后诺贝尔奖来源基础。

诺贝尔1896年12月10日去世,在其生前曾立过三份遗嘱。1895年

11月27日夜晚所立的第三份遗嘱中说:"在此我要求遗嘱执行人以如下方式处置我可以兑换的剩余财产。将上述财产兑换成现金,然后进行安全可靠的投资;以这份资金成立一个基金会,将基金所产生的利息每年奖给在前一年中为人类做出杰出贡献的人。将此利息划分为五等份,分配如下。一份奖给在物理界有最重大的发现或发明的人;一份奖给在化学上有最重大的发现或改进的人;一份奖给在医学或生理学界有最重大发现的人;一份奖给在文学界创作出具有理想倾向的最佳作品的人;最后一份奖给为促进民族团结友好,取消或裁减常备军队以及为和平会议的组织和宣传尽到最大努力或做出最大贡献的人。"

但就是这样一份遗嘱,公布后引起轩然大波。一些瑞典知名人士甚至公开出面批评这份遗嘱忽略了瑞典的利益。而最大的纠纷来自诺贝尔家族,由于诺贝尔生前孑然一身,没有子嗣,散居在俄国、瑞典、法国等地的诺贝尔的亲属还联合起来,准备推翻这份遗嘱。

诺贝尔生前一共立过三次遗嘱。他的第二份遗嘱写于1893年3月4日,遗嘱中说,在他死后应将他遗产的大部分留作奖金,以支持各国杰出的科学家、文学家和致力世界和平的人士。而遗产的另一部分约20%由诺贝尔的亲属22人继承。

第三份遗嘱引起广泛争议。人们认为它本身存在缺陷,首先,诺贝尔号称"欧洲最富有的流浪汉",生前居无定所,遗嘱中没有确认诺贝尔是哪国公民。他的财产大部分在法国,而他本人生在瑞典,他所指定的遗嘱执行人又是瑞典人,他所指定的奖金评定机构也大多是瑞典的机构,那么这份遗嘱的合法性到底应该由法国法院来检验,还是由瑞典法院来检验呢?

与此同时,诺贝尔生前指定的两位遗嘱执行人瑞典企业家鲁道夫·里尔雅克斯特和拉各纳·索尔曼也加紧将诺贝尔在国外的财产转移回国。他们通过瑞典驻法国总领事诺林达帮忙悄悄地将诺贝尔的财产转移回国。紧接着,诺贝尔的两个侄儿和一个侄婿也来到法国领事馆请求帮助,但他们晚了一步,在得知财产转移之后,他们向法国法庭紧急起诉,结果查封了诺贝尔在巴黎尚未出售的住宅。

遗嘱执行人在与评奖单位协商未来基金会的法规细则时,遭到瑞典科学院的抵制。按照遗嘱,物理奖和化学奖由瑞典皇家科学院评定,因此,1898年2月1日瑞典法院开庭第一次审理此案。

2月的一天,瑞典国王召见了诺贝尔家族中最有影响的人物爱默纽尔,让他劝说其亲属尊重诺贝尔的遗嘱。爱默纽尔同意了,经与遗嘱执行人协商,诺贝尔的亲属们也得到一笔补偿:一是由他们收购并继续经营巴库的石油企业,二是诺贝尔遗产1892年全年利息由其亲属享有。

这的确是一笔庞大的财产:共约920万美元。

1900年6月瑞典政府批准设置了诺贝尔基金会,1901年12月10日,即诺贝尔逝世5周年时,诺贝尔奖首次颁发。

诺贝尔奖包括金质奖章、证书和奖金支票。奖金数额最初为3万美元,60年代约为7.5万美元,80年代达到22万美元,金质奖章约重半磅,内含23K黄金,奖章直径达到6.5厘米,正面是诺贝尔浮雕像。

12月10日是诺贝尔逝世纪念日,每年这一天,瑞典斯德哥尔摩和挪威奥斯陆分别隆重举行诺贝尔奖颁奖仪式,瑞典国王亲自出席并授奖。

汽车大王创业之谜

"奔驰"是德国乃至世界的著名汽车品牌,它的问世,与汽车大王卡尔·本茨的艰辛创业是分不开的。

1844年,卡尔·本茨出生于德国,他的父亲是火车司机,在卡尔出生前就因事故去世。卡尔是个遗腹子,他的母亲对他从来没有过太高的期望。但卡尔·本茨从小就对自然科学产生了浓厚兴趣。1862年,进入卡尔斯鲁厄综合科技学校，学习了机械构造、机械原理、发动机制造、机械制造经济核算等课程，后来他当过学徒，服过兵役。他于1872年组建了奔驰铁器铸造公司和机械工场，专门生产建筑材料。

由于建筑业不太景气，卡尔·本茨为了摆脱濒临倒闭的处境，转而制造发动机。他领来了奥托四冲程煤气发动机的营业执照，并于1879年12月31日制造出第一台单缸煤气发动机，这台发动机的转速为200转/分，功率为0.7千瓦。

1882年，他研制成功了二冲程发动机。嗅觉灵敏的商家看到本茨发明的价值，同本茨一道组建了莱茵发动机厂。

本茨很早就有一个梦想：要亲手研制出重量轻、功率大的二冲程发动机，然后把它安装在马车上，使马车变成自动车。但二冲程发动机研制出来之后，本茨发现它并不适合于制造汽车，只有马力更强劲的四冲程发动机才是汽车的合适动力，他又向这个领域进军了。

1886年7月，他终于研制出单缸汽油发动机，将其安装在自己设计的三轮车架上，取得了世界上第一个"汽车制造专利权"。这辆以燃烧石油为动力的自动车在德国巴登灵克大街上试车成功，但它的时速只有11千米，在大街上也只走了300米。

本茨顶着压力和嘲笑不断改进他的汽车。1893年，他又成功研制出性能先进的"维克托得亚"牌汽车，他采用本茨专利的3升发动机，方向盘安装在汽车中部。尽管性能先进，但由于价格高昂（每辆车要3 875马克），少人问津。此车尽管给本茨带来极高荣誉，但经济上却没有多大收益。

1894年，本茨开始生产廉价一点的自动车，定价2 000马克，一年内销出125辆，给奔驰公司带来较高利润。这种自动车是世界上第一种批量生产的机动车。

就在本茨加紧研制性能更好的汽车的时候，德国国内以及其他一些国家的汽车产业也开始相继建立起来。本茨汽车厂遇到达姆勒汽车公司的有力竞争。1911 年，本茨公司推出时速更快的汽车，摆脱了竞争劣势，从此一路领先。1926 年，本茨公司与达姆勒公司合并组建"达姆勒——本茨汽车有限公司"，在这种强强合作的基础上，终于有了闻名于世的"奔驰"汽车的诞生。

卡尔·本茨是个幸运儿？不，他是一个在事业上执着探索的创业者。他的成功似乎应验了一句名言：天才是百分之一的灵感加百分之九十九的血汗。

"奇怪战争"之谜

1930 年，在第三届奥斯卡电影节上，由俄裔美籍导演路易斯·迈尔斯通导演的电影《西线无战事》荣获了两项奥斯卡奖。这部根据埃里奇·马利亚·雷马克的同名小说改编的影片，从一个德国士兵的角度反映了第一次世界大战期间，一批德国青年对战争的认识。这是一部具有浓重反战色彩的影片，也是好莱坞早期拍摄的最佳战争片之一。该片获奖后在德国却被禁映长达 20 年之久。

无独有偶，事隔十年，第二次世界大战爆发。在战争初期，从 1939 年的 9 月至 1940 年四五月间，又出现了"西线无战事"的境况，不过这个"西线无战事"跟电影可完全不是一回事，只是借用了电影的名称而已。历史学上对二战初期的这段违反常规的战争场面称为"奇怪战争"，又称"假战争""静坐战"。为什么会这样称呼一场战争？还需从德国入侵波兰说起。

1939 年 9 月 1 日凌晨，希特勒对波兰发动了突然袭击，数千架飞机和上万门大炮以迅雷不及掩耳之势，使波兰在仅仅一周之内就全境失陷，国家灭亡。虽然，英法两国在 9 月 3 日对德宣战，但他们并没有迅速采取切实有效的措施解救波兰于危难之中，而是进行了长达 7 个月的"静坐战"，悠然地看着他们弱小的同盟国被消灭，直至希特勒将战火转移到他们身上。

战前，法国和英国曾对波兰做过保证，尤其是法国。在 1939 年 5 月 19 日波法两国签定的波法军事协定中明确载明："在总动员令下达后不出 3 天的时间内逐步对有限目标发动攻势"，"一旦德国以主力进攻波兰，法国将从法国总动员开始后 15 天起，以其主力部队对德国发动攻势"。当时，波兰的副参谋总长雅克林兹上校曾问法国的甘墨林将军，法国能够派出多少军队参加这种大规模进攻，甘墨林将军回答说，法国届时大约可以派出 35 至 38 个师。但在 3 个月后，德国正式入侵波兰前，法国方面又说这个行动的实施，需要在法国能够得到"英国部队和美国装备的帮助"下方可成立。

英国虽曾在战前对波兰有过承诺，但是无具体条款。在战争开始的头几个星期内，被英国派到法国去的部队确实少得可怜，一直到 10 月 11 日，波兰战事已经结束了 3 个星期以后，英国才派了 4 个师，约 15 800 人到法国去，丘吉尔称之为"象征性的帮助"。以至于后来，那些战时的德国将领们在纽伦堡法庭追溯往事的时候，一致认为，在波兰战役期间英法盟国没有在西线发动进攻，的确是错过了千载难逢的良机。那么，英法两国当时为什么会采取那样的战争策略呢？长期以来，人们对"奇怪战争"发生的原因一直都在争议。

很多人认为，它实际上是英法战前慕尼黑绥靖政策的继续。有人甚至认为，它实际上是英法企图联合德国进攻苏联，建立反苏"联合阵线"的政治方针。但也有人认为事情并非那么简单，那是英法两国从"战前妥协绥靖"的对德政策走向"全面武装抗争"所必须经历的"过渡阶段"。

那么法国人为什么会不遵守自己的承诺呢？具体说来有很多方面的原因。首先，法国人对于在第一次世界大战期间伤亡惨重、元气大伤的情景记忆犹新；其次，在法国最高统帅部、政府和人民当中都存在着浓重的失败主义情绪；第三，德国凌厉的攻势和波兰的迅速沦陷使法国人丧失了自信，并对德国的武器和空中优势感到恐惧。而英国呢，战前英国首相张伯伦一直对希特勒所谓的"和平"谎言抱有幻想，在1938年3月，张伯伦就拒绝了苏联关于英、法、苏举行三国会议，讨论如何履行苏捷、苏法条约，共同对付德国的建议。在4月张伯伦又与法国总理达拉商谈向德国屈服，并明确告诉达拉英国不会为捷克作战。

1938年9月18日，英法两国在伦敦商定，"凡苏台德日耳曼居民占50%以上的全部领土，都直接转让给德意志帝国"。张伯伦在会谈后接受记者采访时说："不论英国还是法国，都不会出兵援助，捷克斯洛伐克国家不能按目前的样子存在下去，为了和平的利益，英国赞同让苏台德区'自治'"。正是在这种绥靖政策的指引下，英国在战争初期根本没有准备积极参与军事行动。而法国则长期追随、附和英国奉行的绥靖政策，因此才出现了如此奇怪的战争和如此奇怪的战争场面：德国加速移兵，而伦敦、巴黎一派和平景象；西线战场上，英法两国的百万大军看着一列列德国军队无动于衷，看着德国士兵在前线装卸枪炮辎重，看着盟国波兰在炮火的蹂躏之下沦陷，而丝毫不伸援手。德国也对英法的此种行为予以"礼遇"，除了进行空中侦察外，不对英法采取任何行动。英法两国把波兰，甚至匈牙利、罗马尼亚作为礼物，以推动希特勒放弃《苏德互助条约》，进攻苏联。

事实上，在以后分析英国在德波战争期间的立场时，英国工党著名活动家休道尔顿也说："我们把波兰出卖了，把他们置于死地，一点也没有帮助他们。"波兰的军事代表团曾在英国对德宣战的同一天到达伦敦，等候帝国总参谋长艾恩将军的接见，可他们居然等了整整一周，等来的结果是：英国总参谋部没有任何援助波兰的计划。因此，当希特勒充分利用那7个月的时间赶制出来4 000余架飞机，并新组织了146个师，将炮口对准西方时，英法才猛然惊醒，但为时已晚。1940年5月10日，德

国的铁蹄首先就踏向了法国。6月,法国投降,8月1日,希特勒下达了"关于对英国进行空中和海上战争"的第17号令。绥靖政策使英法两国搬起石头砸了自己的脚。

反对绥靖政策说的人则认为,9月3日英法对德宣战,就标志着绥靖政策的基本终结,它是英法武装抗德的起点。在德波之战期间之所以会出现"西线无战事"的局面,是英法两国根据自己与德国在军事力量、人力、物力、财力进行了比较后所进行的战争策略。首先,战争初期,在军事力量方面,德军明显优于英法联军。当时的英国,刚刚实行了新的征兵制度,无法派出军队。虽然英国拥有当时最强大的海军力量,但大多数船只都在海外,负责守卫殖民地,护卫英国商船的任务。而法国虽然号称拥有欧洲最强大的陆军,但他们的陆军装备则极其低劣,根本无法与武器精良的德国军队抗衡。尽管如此,法国还是派出了9个师的兵力沿萨尔河的德国防线向前推进了8公里。虽然在战争初期,德国在西线的力量也相对薄弱,但法国军队也不集中。就是在1940年5月10日,德国进攻法国之时,英法两国在军事力量力面依然远逊于德国,因此,"西线无战事"实属不得已而为之。

历史的真相究竟如何?奇怪战争是否奇怪?相信只要没有定论,争论就一直会进行下去。人们也期待着历史的真相能够早日面世。

希腊智慧女神之谜

在希腊神话传说中,智慧女神雅典娜集其父母的智慧于一身,她的出生成为后代许多专家学者们研究的对象。

雅典娜是天神宙斯和智慧女神墨提斯的女儿。临产前墨提斯对宙斯说,将要出生的孩子一定会比宙斯更强壮、更聪明。宙斯唯恐降生后的孩子会危及他在奥林匹斯山的统治地位，于是他就将墨提斯吞到肚子里去了。不料，宙斯突然感到头痛欲裂，急忙让火神赫菲斯托斯用斧子劈他的脑袋，这时满身铠甲的雅典娜就从宙斯脑袋里呼叫着蹦了出来。这就是她那不寻常的诞生。

图3-17　智慧女神雅典娜

那么，雅典娜为什么不是脱胎于母腹，而是由父亲产出呢？她为什么偏偏从脑袋里蹦出来呢？

当然，对于神话，人们没必要探究其真实性，而应关注它的社会背景。长期以来，许多学者对此做了深入探讨，并从各种不同角度提出了不同的看法，归纳起来主要有以下三种。

有人认为，这段传说只是想说明雅典娜是宙斯的化身。在希腊早期神话中化身法是常用的造神手法。这种方法可使彼此孤立的神之间产生一种类似于人类的血缘关系，从而构成一定的体系，增强了神话的故事性和神秘色彩。

但是，更多的人则认为，这个传说反映了早期人类一定的历史状况。他们认为这段传说实际上反映了人类父权制开始取代母权制的情况。而且，雅典娜就曾经说过："我不是母亲所生的人。我，一个处女，是从我父亲宙斯的头里跳出来的。因此，我拥护父亲和儿子的权力，而反对母亲的权力。"这意味着女人已经依附于男子，母权制已被父权制所取代。这种说法看来论证比较严密，但也是有漏洞的。这种观点如果要成立，还必须解决如下两个问题：第一，据传宙斯的妻子是宙斯的同胞姐姐，他们在洪水灾难中死里逃生，并结为夫妻。从这里可明显地看出族内婚的痕迹，如果说父权观念在人类族内婚阶段就已出现那是绝对不可能的。

第二，希腊父权制取代母权制是在英雄时代，这早已成定论。从神话描写中可看出雅典娜出生距英雄时代还有相当长的一段时间，是否能说这一过程自雅典娜诞生时已经开始，尚待探讨。

还有一种观点认为，这段传说应该与雅典娜在希腊神话传说中的地位和作用有关。雅典娜在希腊神话中是聪明过人的智慧女神，所以把她说成是智慧女神和天神宙斯的女儿。为了让雅典娜没有对手，神话的创作者又煞费苦心地让宙斯把这位老智慧女神吞进肚子里，于是聪明的母亲"隐居"了。这样一来，会更显示出其女儿过人的智慧。当然，这种推论虽然圆满地解释了这段传说中令人费解的情节，但没有涉及复杂的社会背景，是否正确也很难说。

上述三种观点各有道理，但都不能成为定论。之所以如此，可能有这样一些原因：第一，早期神话产生于非理性的、原始的心理状态。第二，神话本身具有两重性。其一是历史的、现实的，它是有其历史现实基础的；其二是虚幻的，即非历史的部分。两者交织在一起，因而神话中的历史与宗教、想象与现实的界限总是模糊的。第三，神话材料本身是"历史的"。人们只凭神话内容去断定其严格的时代概念是不可能的，也是不科学的。第四，历史本来就是极为复杂的。在理论上人们可以划出一些不同的历史时代，但严格说来也还是相同的。因此人们无法确定这些观点孰是孰非，这一问题的研究仍需时间。

《鲁宾孙漂流记》为什么风靡世界

1659年9月30日，我——可怜而不幸的鲁滨孙·克罗索，在一场可怕的大风暴中，在大海中沉船遇难，流落到这个荒凉的孤岛上。我且把此岛称之为"绝望岛"吧。同船伙伴皆葬身鱼腹，我本人却九死一生。

整整一天，我为自己凄凉的境遇悲痛欲绝。我没有食物，没有房屋，没有衣服，没有武器，也没有地方可逃，没有获救的希望，只有死路一条，不是被野兽吞嚼，被野人饱腹，就是因缺少食物而活活饿死。夜幕降临，因怕被野兽吃掉，我睡在一棵树上。虽然整夜下雨，我却睡得很香。

10月1日清晨醒来，只见那只大船随涨潮已浮起，并冲到了离岸很近的地方……

图3-18　鲁滨孙漂流记

这是丹尼尔·笛福的小说《鲁滨孙漂流记》中鲁滨孙的漂流日记。在西方文学史上，鲁滨孙的形象众所周知，这位流浪荒岛数十年的孤独者成为了一个神话式的英雄。他航海遇险，一人漂流到南美洲某荒岛，靠着双手和简易工具，造房子，修田地，种粮食，养牲畜，还从土著的刀下救下了一个人，取名礼拜五，收为自己的奴隶……鲁滨孙用28年的时间，把荒岛建设成为一个世外桃源，最后又奇迹般地回到欧洲，成为巨富。鲁滨孙是按照西方资产阶级文化的模式，独自创造文明的英雄。笛福也因此部小说而扬名世界文坛。

丹尼尔·笛福（1659～1731年）英国十八世纪四大著名小说家之一。生于伦敦。父亲经营屠宰业。笛福只受过中等教育，信奉不属于英国国教的长老会教派。二十多岁时，笛福已是伦敦一个体面的商人，经营过内衣、烟酒业等等，到过欧洲大陆。1692年经商破产，不得不以其他方式谋生。他给政府当过情报员，设计过开发事业。他还从事写作，早年以写政论文和讽刺诗著称，反对封建专制，主张发展资本主义工商业。1698年他发表了《论开发》，建议修筑公路，开办银行，征收所得税，举办水火保险，设立疯人院，创办女学等。1702年他在政论文《消灭不同教派的捷径》中用反语讽刺政府的宗教歧视政策，由于文笔巧妙，开始未被识破，后被捕入狱六个月，并受枷刑示众。他受枷刑时散发了他的长诗《枷刑颂》，讽刺法律的不公，围观的伦敦市民把他奉为英雄。1704年至1713年，他为哈利主办《评论》杂志，制造舆论，搜集情报。1719年笛福在他60多岁的时候发表了他的第一部小说《鲁滨孙飘流记》，大受读者欢迎，接着出版了《鲁滨孙飘流续记》。1720年他又写了《鲁滨孙的沉思集》，此后还相继发表了《辛格尔顿船长》《摩尔·费兰德斯》《杰克上校》和《罗克萨娜》等长篇小说以及《彼得大帝》等传记。

《鲁滨孙漂流记》据笛福说是根据真人真事加以改编创作的。1704年9月，一个名叫亚历山大·塞尔柯克的苏格兰水手被船长遗弃在南美洲大西洋中的安·菲南德岛上，在这个荒无人烟的海岛上度过了四年零四个月。当他被发现时已成了一个野人，甚至忘记了人类的语言。塞尔柯克的传奇经历引起公众的关注，报纸上也刊登了一些关于塞尔柯克在荒岛上的孤独生活的情况。笛福以塞尔柯克的传奇故事为蓝本，把自己多年来的海上经历和体验倾注在人物身上，并充分运用自己丰富的想象力进行文学加工，在他年届六十时创作了这部妙趣横生、雅俗共赏、老少咸宜的传记体小说，为自己博得了"英国和欧洲小说之父"的美誉。此后的250多年中，世人认定鲁滨孙这一形象为一个不安于现状，勇于行动，勇于追求，不畏艰险，按照现代文明的模式开辟新天地的创造者。

《鲁滨孙漂流记》是英国文学史上第一部现实主义小说。作品一出版就风靡英国，特别是在水手、士兵、小商贩、小工匠及其他小资产者中广为传阅。当时有个批评家带着嘲讽的口吻说："老婆子们只要买得起书，没有一个不买这部'生平与遭遇'作为传家之宝的。"甚至有人将《鲁滨孙漂流记》与《圣经》相提并论。有故事为证：一天，一场罕见的暴风雨袭击了一个偏僻的小村庄，村里唯一识字的小木匠被叫去念《圣经》，以此来安慰惊恐不安的村民们。由于慌张，小木匠错拿了《鲁滨孙漂流记》，因为当时这本书正好和《圣经》紧挨着放在同一个书架上。小木匠读了一大段后,人群早已慢慢安静下来了。至十九世纪末,在英、法、德、意、荷等国家已有各种不同的版本、译本甚至仿作达七百种之众,至今仍是雅俗共赏的世界名著。

《鲁滨孙漂流记》之所以会有那么大的魅力,表面看来它只是以主人公的冒险生活情节吸引读者,其实有着更深层的意义。18世纪,英国资本主义迅猛发展,经过17世纪的革命,资产阶级和封建贵族达成妥协,建立君主立宪政体,政权和高官厚禄仍保留在贵族手中,但必须保护资产阶级的利益。国家通过制定各种政策和制度为发展经济服务,因此出现资本主义发展繁荣的局面。当时资产阶级刚刚从封建关系中解放出来,但已基本具备了自我发展的历史条件,精力充沛,满怀信心,加紧进行资本原始积累,表现出这个阶级在上升时期所具有的积极进取精神。正如英国文学史家艾伦所认为的,该小说是一部包含每个人生活的寓言:"说到底,我们每个人都是孤独的,都遭受孤寂的折磨。笛福象征性地描述了之中孤独,把鲁滨孙和上帝一起抛到了荒岛上,因此《鲁滨孙漂流记》其实是描述了一种普通人的经历感受的寓言故事,因为我们都是鲁滨孙,像鲁滨孙那样孤独是人的命运。"

此书最大的艺术成就是在欧洲文学史上真实而具体地塑造了第一个资产阶级英雄形象。鲁滨孙所处的时代正是资产阶级大发展的时期,他冒险经商、流落荒岛并对荒岛开发和占有的传奇经历,表现了新兴资产阶级上升时期充满野心、富于冒险、顽强坚毅、不屈不挠的进取精神。鲁滨孙的成功使他自然成为中小资产阶级心中的偶像。鲁滨孙乐观、勤奋的开拓精神正是小说的价值所在。

笛福晚年生活十分贫困,他临死前为了躲债不得不离家出走。1731年,他因病客死异乡。

孟德斯鸠的人生之谜

自由是做法律所许可的一切事情的权利；如果一个公民能够做法律所禁止的事情，他就不再有自由了，因为其他的人也同样会有这个权利。孟德斯鸠这样说。

孟德斯鸠（1689～1775年）法国启蒙思想运动的代表人物，资产阶级国家学说和法学理论的奠基者，是与伏尔泰并驾齐驱的启蒙思想家。他出生于法国波尔多市附近的拉勃烈德城堡一个达官显贵之家，自幼受过良好教育。他的祖父是法国西南重镇波尔多法院院长，这是个世袭的职位。他祖父去世后由他伯父继承，他在二十七岁时又从伯父手中继承了这个职务，并获得了"孟德斯鸠男爵"的封号。他原来的名字叫夏尔·特·瑟孔达，因孟德斯鸠这个封号出了名，人们就很少提他原来的名字了。

孟德斯鸠十九岁时获法学学士学位，并出任律师。1714年开始担任波尔多法院顾问。孟德斯鸠博学多才，对法学、史学、哲学和自然科学都有很深的造诣，曾经撰写过许多有关论文。

图3-19 孟德斯鸠

孟德斯鸠生活在路易十四、十五时代，这时的法国封建专制主义发展到了顶峰。路易十四公开宣扬"君权神授""朕即国家"，集国家立法、司法、行政大权于一身。王位世袭、终身。路易十四从登基到去世（1643～1715年），在位共72年，恐怕是世界上王位坐得时间最长的一个。孟德斯鸠对这种集权制和终身制十分不满。他认为,"当立法权和行政权集中在同一个人或同一个机关之手,自由就不复存在"。他指出,"专制政体的原则是恐怖""专制政体是既无法律又无规章,由单独一个人按照一己的意志和反复无常的性情领导一切"。他要求分权,主张立法、司法、行政三权分立。议会掌握立法权,法院掌握司法权,国王掌握行政权,互相制约,互相平衡,以防止滥用权力。孟德斯鸠的三权分立说显然是代表新兴的资产阶级向封建统治者要求分享权力。他的这一思想在美国独立战争和法国大革命中产生过深刻的影响。美国立国后把他的"三权分立"思想写进了宪法;法国的《人权宣言》也明显地体现了他的思想。孟德斯鸠的思想遗产很丰富,但影响最大的恐怕就是这个三权分立说。

1716年,孟德斯鸠继承了波尔多法院院长的职务,1721年孟德斯鸠化名"波尔·马多"发表了名著《波斯人信札》。这部书通过两个波斯人漫游法国的故事,揭露和抨击了封建社会的罪恶,用讽刺的笔调,勾画出法国上流社会中形形色色人物的嘴脸,如荒淫无耻的教士、夸夸其谈的沙龙绅士、傲慢无知的名门权贵、在政治舞台上穿针引线的荡妇等。书中还表达了对路易十四的憎恨,说法国比东方更专制。这部书受到了普遍欢迎。

孟德斯鸠对法院院长的职务并没有多大的兴趣,他热心于科学研究工作。特别是他在各种社交场合里,亲眼目睹上流社会的荒淫奢靡的生活,对封建专制制度失去了信心,积极探求一条全新的道路。为了使自己能专心从事研究,孟德斯鸠于1726年出卖了世袭的波尔多法院院长职务,获得一笔巨款,迁居巴黎,并进入法兰西科学院任职为院士,专心于写作和研究。

1728年,孟德斯鸠花了三年时间,漫游了欧洲许多国家,特别是在英国呆了两年多,考察了英国的政治制度,认真学习了早期启蒙思想家的著作,还当选为英国皇家学会会员。漫游使他对各国的政治法律、国家制度、民情风俗进行了深入地考察,获得了丰富的材料。1731年回到法国后，潜心著述。1734年，他的《罗马盛衰原因论》问世，他在书中利用古罗马的历史资料来阐明自己的政治主张，轰动了欧洲学术界，给他带来很高的声誉。但是，真正使孟德斯鸠成为举世闻名的资产阶级卓越思想家的，还是他在1748年发表的重要著作《论法的精神》。这部书一推出就受到极大的欢迎，两年中就印发了二十二版。在这部著作中，他不仅尖锐地揭露了封建专制制度，反对天主教和神学，更加重要的是，他在这部著作中完整地提出了资产阶级国家和法的理论。尤其是在这部书中他提出的"三权分立"的学说，即国家权力分为立法、行政、司法三种，分别由议会、君主、法院三家掌管，各自独立，相互牵制，彼此平衡，以维系国家的统一。他的三权分立的学说，成了资产阶级政治制度的基本原则。这一著作后来被译成各种文字，最早的中译本是1913年由严复翻译的，当时的书名叫《法意》。

孟德斯鸠反对神学，提倡科学，但又不是一个无神论者和唯物主义者，他是一名自然神论者。他承认"上帝是宇宙的创造者和保养者"。不过他不许上帝干预自然界的事务，认为自然界有其固有的规律。他的世界观充满着矛盾。他最重要的贡献是对资产阶级的国家和法的学说做出了卓越贡献，他在洛克分权思想的基础上明确提出了"三权分立"学说；他特别强调法的功能，他认为法律是理性的体现，法又分为自然法和人为法两类，自然法是人类社会建立以前就存在的规律，那时候人类处于平等状态；人为法又有政治法和民法等。孟德斯鸠提倡资产阶级的自由和平等，但同时又强调自由的实现要受法律的制约，政治自由并不是愿意做什么就做什么。他说"自由是做法律所许可的一切事情的权利；如果一个公民能够做法律所禁止的事情，他就不再有自由了。因为其他的人也同样会有这个权利"。

1755年，他在旅途中染病去世。

迈锡尼文明及其毁灭之谜

公元前2000年左右的早期青铜时代是迈锡尼文明的萌芽时期,大约公元前17世纪,希腊人的一支——阿卡亚人在迈锡尼兴建了第一座城堡和王宫。据《荷马史诗》描述,兴盛时期的迈锡尼以金银制品名扬天下,被人们称为"富于黄金"的城市。

现存的迈锡尼城堡的平面形状大致呈三角形,位于查拉山和埃里阿斯山之间的山顶上,城墙高8米、厚达5米,用巨大的石块环山修建。有一座宏伟的大门开在西北面,门楣上立有三角形石刻,雕刻着两只虽无头但仍威武雄健的雄狮。这两只狮子左右对称的雕刻形式显然是受到东

图3-20 迈锡尼文明及其毁灭

方文化的影响,它们是欧洲最古老的雕塑艺术,迈锡尼城堡的正门也因

而被称为"狮子门"。迈锡尼城门上的一对石狮子从 1876 年起就再也不能保持安静了。谢里曼等人在城内发现的墓圈 A，吸引了全世界的目光，人们似乎又看到了 3 000 多年前活灵活现的"多金的迈锡尼"城。古代希腊世界迈锡尼文明的重要遗址陆续被发现，如梯林斯、派罗斯、雅典等。M·文特里斯在 1952 年宣布他已可以释读迈锡尼时代的泥版文书，并证实它们是希腊语文字。至此，当前历史学界已公认爱琴文明的这部分历史是讲希腊语的人的历史。人们目睹了迈锡尼文明时代王宫的残垣断壁，面对令人惊叹不已的王室宝藏，自然会发出疑问：如此辉煌的文明，是怎么毁灭的呢？

由于可靠的文字资料实在太少，线形文字、泥版文书和《荷马史诗》所提供的信息又过于简单，所以，要回答这个问题，实在不是一件容易的事，于是许多学者都不约而同地从考古学的角度去研究。最初，谢里曼夫妇在这里发现了五座坟墓，后来，第六座坟墓又被希腊考古学会派来监督他们的斯塔马太基发现。这六座长方形的竖穴墓大小、深度不同，深 0.9 米~4.5 米，长 2.7 米~6.1 米，以圆木、石板铺盖墓顶，但大部分已经坍塌。共有 19 人葬在这六座墓穴中，有男有女，还有两个小孩，同一墓中的尸骨彼此靠得很近，大多用黄金严密地覆盖着这些尸骨。妇女头上戴着金冠或金制额饰，身旁放着各种名贵材料做的别针以及装饰用的金匣，衣服上装饰着雕刻有蜜蜂、玫瑰、乌贼、螺纹等图案的金箔饰件，男人的脸上罩着金面具，胸部覆盖着金片，身边放着刀剑、金杯、银杯等。两个小孩也被用金片包裹起来。

考古学家的发现远不止这些，在谢里曼发掘圆形墓圈 A 的 75 年之后，即 1951 年，希腊考古学家帕巴底米特里博士发现了被称为圆形墓圈 B 的第二个墓区。这个墓区在狮子门以西仅百米之遥，发掘出来的珍宝完全可以与谢里曼的发现相媲美，而且时代与前者十分相近。

英国考古学家韦思等在大约与帕巴底米特里发现圆形墓圈 B 的同一时期，又发掘了 9 座史前公墓，地点在独眼巨人墙以西、狮子门之外的地区。这些圆顶墓（因形似蜂房，又叫蜂房墓）约建于公元前 1500 年至公元前 1300 年，均属于青铜时代中期。

公元前 1400 年至公元前 1150 年左右的青铜时代末期是迈锡尼发展的鼎盛时期。从迈锡尼城遗留下来的城堡、宫殿、墓葬及金银饰品中都能看出这一王国当年的强盛，但是要找到其消亡的原因，确实不是一件容易事。我们尽管能从考古发掘中得到一些启示，但要把不会开口说话的遗迹、遗址、遗物唤醒，实在是一件困难的事。

有人认为，迈锡尼世界的毁灭与一些南下部落的入侵有关，特别是多利亚人更是祸首元凶。但也有人持与此认识相反的见解，他们指出，迈锡尼世界在西北方的入侵者来到之前，已经衰落。迈锡尼文明的统治至公元前 13 世纪后期，已开始动摇。据考古资料看，多利亚人在公元前 13 世纪期间，并未进入希腊世界，他们涉足此地是在迈锡尼文明的不少城市已经变成废墟的很长一段时间以后，多利亚人面对的是一个已经不可避免要毁灭的世界。因而，公元前 13 世纪末以来迈锡尼文明世界的各地王宫连遭毁灭之灾，与多利亚人无关。考古资料也提供不出当时多利亚人到来的物证，于是 J·柴德威克在对古文字研究的基础上提出大胆假设。他指出，多利亚人臣属于迈锡尼人的历史事实，可以从神话传说中有关赫拉克利斯服 12 年苦役的故事中反映出来，多利亚人作为被统治者早就遍布在迈锡尼世界各地。赫拉克利斯的子孙返回伯罗奔尼撒，却道出了多利亚人推翻迈锡尼人只不过是内部的阶级斗争的真情，根本不存在所谓的多利亚人入侵。以派罗斯为例，当时便存在很严重的经济问题，青铜不够用，青铜加工业已衰落，国家经济组织疲惫不堪，税收不齐，经济面临崩溃的边缘。有限的土地不能满足经济发展之需，国家只能靠积蓄的产品度日，要么就从地方额外征收黄金。当时受到挑战的还有神权，村社不按祭司要求行事，有的人甚至敢不履行宗教义务。由于受到其他部门或其他国家的过分压力，中央的高度集中化受到了破坏。在这种形势下，派罗斯的王宫随时都有覆灭的危险。这一切都可能是导致派罗斯毁灭的主要原因。

另有一些人认为天灾是祸根，天灾造成人口减少，食物短缺，大量小村庄被放弃，王宫经济发生危机。迈锡尼为了远征小亚细亚富裕的城市特洛伊，倾国出兵，围攻10年方才攻陷。迈锡尼大量的人力、物力和财力在这场旷日持久的战争中严重消耗，从此国势一蹶不振。

还有人提出，迈锡尼文明遗址中有几个地方是毁于不知什么原因引起的火灾中的。这样，活跃于东地中海的海上民族便吸引了这些猜测者的目光，他们认为是这些海上民族破坏了小亚细亚、巴勒斯坦、叙利亚、埃及等地的许多城市，促使赫梯帝国灭亡，埃及帝国衰弱，当然迈锡尼世界也受到了影响。甚至有人说当时的派罗斯有一支装备着20条船的大舰队，可最终被海上侵略者打败。反驳者指出海上民族在公元前13世纪时并未进入希腊。从泥版文书中看，在派罗斯陷落之前，国家除了正常的换防之外，一直没有任何特殊的军事行动。

派罗斯王宫没有防御工事，这一点更让人难以理解。如果说派罗斯的灭亡是由于大意所致，那迈锡尼、太林斯等地不仅有保证战时水源的设施，而且有巨石筑就的高墙，可谓壁垒森严、固若金汤，却也没能免于灭亡。

学者们经过一番深入的研究之后，不但没能解开迈锡尼文明衰弱的原因，同时又提出了一些新的问题：迈锡尼没有金矿，而黄金又是从何而来？固若金汤的迈锡尼城怎么会屡遭沦陷？还有埃及人、腓尼基人都在其坟墓墙上刻下了文字，后来的希腊罗马人也树立了有文字的墓碑，迈锡尼人已普遍掌握了线形文字，并且用来记写货物清单，可是他们为什么不将死者的姓名和业绩刻在墓碑上呢？这到底如何解释呢？一切还有待于后人的深入考察。

复活节岛的文明之谜

按照通常的规律,文明的呈现是复合的整体。这意思是说,复活节岛上不应当仅仅只有这些巨石人像,而应当包括宗教信仰、神话传说,以及文字等文明产物。

据罗格文等的回忆录介绍,当他们登上复活节岛时,曾在石人像附近发现大量刻满奇异象形文字的木板。

这种象形文字的确非常奇怪,它不同于中国古代的象形文字,也不同于印度、埃及的古象形文字。它的象形图案更趋于符号特征。它的笔触的粗细、深浅,似乎都表示着某种含意,而且整个如同密码似的书写排列方式,都仿佛表现出某种波动般的节律感。

图 3-21 复活节岛

由于后来西方传教士的到来,这种为复活节岛所特有的木板文字被大批烧毁。这些传教士说木板文字是"魔鬼的咒语"。这种愚昧绝顶的行为,使今天的研究者们大感遗憾。因为迄今为止收藏于世界各博物馆中的这种木板文字,总共不超过10块。其书写的内容,各国科学家运用了包括电子计算机在内的先进手段,都未能解读。

复活节岛——这个远离大陆的火山岩堆成的孤岛,似乎不可能有大陆文明光临过它,岛上居民居然能创造出令今人还难以破译的古怪文字,这不能不让人们感到奇怪。按常规来理解,一个能创造出文字的民族,它应当具备伴随文字出现的其他文明来,可惜除了难以解释的巨石人像

之外，谁也找不出与创造文字相适应的其他文明的痕迹。

岛上居民的肤色还颇复杂，说明这是个多民族混居的小岛。可是罗格文记述这些见闻的时候，岛上总共才有数百人口。数百人口又混杂着许多种族的人，真是让人疑窦丛生。

现代研究太平洋的学者认为，复活节岛的巨石人像应属于波利尼西亚文化，其根据就是库克船长说到的岛上原始居民使用的语言，保留着南太平洋群屿的音韵。说明复活节岛居民的种族，应源自波利尼西亚群岛。反对这种观点的学者指出，复活节岛远离亚洲，而十分靠近南美洲。作为整体情况而言，波利尼西亚是人类较晚迁入室居的地区之一，据研究波利尼西亚的历史不可能早于公元 9 世纪，而复活节岛的考古调查表明，它最早在公元 14 世纪之后才有人居住，而更多学者认为复活节岛只是在公元 1500 年或 1600 年之后，才有人迁入居住。这距 1722 年荷兰人首次到来仅 100 多年时间，如此短暂的时间，岛民不可能完成如此庞大的雕石工程。

这显然太荒谬了。

的确，从人种学角度入手，似乎可以找到解开复活节岛之谜的途径。

从宗教比较方面入手的学者们发现，复活节岛上的鸟人崇拜，颇似所罗门群岛上的绘画和木雕。所罗门群岛上的绘画和木雕所表现的鸟"人"，也是鸟首人身，大而圆的眼睛、长且弯的嘴喙；同时，从生活习俗方面加以比较，又能发现复活节岛与所罗门群岛的相似之处。复活节岛举行庆典时，主持人必须把头发剃光，把头染红。所罗门群岛也有染发习俗，而且由来已久，相当普遍。而复活节岛只有在举行庆典时这样做，这部分学者因此指出，复活节岛的鸟人崇拜和染发习俗，是受所罗门群岛的影响。

此外，复活节岛居民和所罗门群岛上的美拉尼西亚人，都有把耳朵拉长的习俗。罗格文就曾看见复活节岛某些居民的耳朵一直垂到肩膀上。这种习俗也表现在雕刻艺术上，譬如复活节岛上的巨石人像有不少都刻有长长的耳朵,而长耳朵的石人像在所罗门群岛就更常见了。

然而,这些零星的材料并不能使人信服。因为有的学者认为复活节岛上的鸟人崇拜应起源于南美大陆拉长耳朵的习俗,在南美印加人祖先中也曾流传。

而像托尔·海雅尔达因成功地利用原始孤舟漂流远洋,他则坚持认为复活节岛的先民应来自秘鲁。

真是众说纷纭,莫衷一是。但耸立在复活节岛四处的巨石像,很容易使人想到位于安第斯山脉的蒂亚瓦纳科。因为那儿发现的巨石人像,其孤傲不逊的造型,面目清苦的面容,与复活节岛上的雕像如出一辙。但两地隔着高山和海洋,有近400千米的路程,这种空间的阻碍如何进行文化交流呢?

公元1531年,西班牙殖民主义者弗朗西斯科·皮扎罗,率兵进犯印加帝国(今秘鲁境内),当他向当地印第安人询问蒂亚瓦纳科的情况时,他们告诉他谁也没有见过这座灿烂的文明古城——蒂亚瓦纳科毁灭之前的情形,因为它建设时,整个人类尚处在漫漫的洪荒时代。

从这个残存的线索中,不禁让人想到一个问题,倘若复活节岛的巨石人像是受蒂亚瓦纳科的影响,那么,是谁把设计蓝图、加工办法和吊装设备带往遥远的太平洋中部一个小小的荒岛?

很显然的是,原始的土著民族是不可能完成的。那么,传播这种文化的又是谁呢?

复活节岛留给世界的是一片哑谜。

复活节岛上仅生活着一千多居民,而在罗格文来到之前,小岛仅有数百人,岛上没有树木,无法以采集度日,狩猎也不可能,因为岛上除了零星的鸟类之外,成群的老鼠便是岛上的唯一动物。

岛上的土著居民以近海捕捞为业。在他们目所能及的视野内,除了大海、太阳、月亮以及星星之外,就别无他物了。愚昧当然和蛮荒有关系。

奥梅克雕像之谜

拉文达废墟的一个古代奥梅克文化遗址出土了一幅非常精致的浮雕，考古学家称之为"蛇中人"。此地还出土了蕴含玄机的奥梅克雕像，此雕像显示了两个男人相遇的情景，而且是两个白种男人。1940年，美国考古学家马休·史特林在拉文达废墟发现了一块雕刻着"蓄胡男子"肖像的石碑，这就是举世瞩目的奥梅克雕像。自该雕像出土以来，考古学家们对其蕴含的秘密做了各种考证，形成了不同的说法。

奥梅克雕像似乎可以确定两件事：第一，基于某种原因，石碑上雕刻的两名男子的相会场面，对奥梅克人来说意义非常重大。第二，如同那些黑人头像，奥梅克工匠雕刻这块石碑上的白人肖像时，显然也是用活生生的人当模特儿。碑上人物脸部那么逼真的五官特征，是凭空想不出来的。

这些异乡人容貌奇特，他们究竟是谁？在中美洲干什么？他们跟那些定居在闷热潮湿的橡胶丛林中，给奥梅克雕刻家担任模特儿的那些黑人之间究竟是什么关系？

图3-22　奥梅克雕像

正统学界一贯认为，1492年之前，美洲跟西方世界没有接触，一直处于孤立的状态中。有些学者思想比较前卫，拒绝接受这种教条式的观念。他们提出一个新的、看似合理的看法：奥梅克雕像描绘的那些深目高鼻、满脸胡须的人物，可能是古代活跃于地中海的腓尼基人。持该观点的学者进一步指出：奥梅克雕像描绘的黑人，应该是腓尼基人的奴隶，腓尼基人在非洲西海岸捕捉这些黑人，千里迢迢地把这些黑人带到美洲去。

也许，比哥伦布早许多年，腓尼基人和其他西方民族真的曾经穿越大西洋，但是腓尼基人纵横四海，在古代世界许多地区留下他们独有的手工艺品，却没有把属于他们的任何东西，留在中美洲的奥梅克人聚居地。这儿发现的黑人头像，以及描绘留着胡子的白种男人的浮雕，都完全看不出是腓尼基人的作品。无论在风格上，还是在雕工上，不论是在美洲或是全世界，这些艺术品都没有先例。这些强劲有力的作品似乎并不属于任何已知的文化、传统和艺术类型。

随着历史的发展，生活的丰富，奥梅克雕像到底蕴含着怎样的玄机，终将解开。

蒙娜·丽莎的微笑之谜

《蒙娜·丽莎》是意大利文艺复兴的代表人物达·芬奇的名画，通过画中人的面部表情，特别是嘴角浮现出来的永恒的微笑，显示出了一种不朽的艺术魅力。此画现存在法国巴黎罗浮宫，吸引着来自世界各地的参观者。

蒙娜·丽莎的微笑的确令人着迷，有时让你觉得温文尔雅，令人陶醉；有时仿佛内含哀愁，似显凄楚；有时又略呈揶揄之状，虽则美丽动人却又有点不可接近……《蒙娜·丽莎》问世几百年来，人们在她面前品味着、揣测着，争辩着、令人莫测其高深。

纯粹讨论创作者的艺术思想及表现手法，这一问题的探讨不同于中世纪哲学家们争论一枚针尖上可以站几个天使那样无聊。学者们以科学的态度，研究是什么因素让蒙娜·丽莎的微笑如此迷人。

审美心理学家认为，同一种艺术品，不同的人或同一个人在不同的心境下观赏，往往会有不同的感受，人们凭借自己的生活经验，往往发现艺术作品新的意义。

图 3-23　蒙娜·丽莎

美术史学家詹森从美学角度指出，这一神秘微笑的造成是因为作者力图要在一个个非常具体的人物身上，创造出他理想化了的美的典型，力图要使一闪即逝的面部表情，象征永恒的喜悦，正是这种矛盾的结合造就了不朽的艺术魅力。

还有一些从绘画技巧方面研究的画家，说达·芬奇为这个坐在阳台上的少女，设置了一幅透视不一的背影，当人们的视线集中在左边，感到远景下降而人物上升；反之，当人们集中到右边看时，觉得远景上升而人物下降。画像中人物的五官，其位置亦在游移不定之中。加上作者把体现人的笑容的嘴角和眼角部位，又画得模模糊糊，使画中主人公的笑令人百思不得其解。

甚至一些人从医学的角度出发，别出心裁地研究了蒙娜·丽莎的"生理情况"，认定她患有内斜视，甚至发现她右下脸上有一散粒肿。而达达主义画家杜桑则坚持认为蒙娜·丽莎应是有胡须的,为此他大笔一挥,硬给蒙娜·丽莎嘴上添了两撇八字翘须,真让人哭笑不得。

弗洛伊德则将此问题同达·芬奇的母亲联系起来。他认为,画家由于离别生母,多年来随父与继母生活,难免思念母亲,他从"蒙娜·丽莎"模特儿的脸上和嘴唇间发现了他母亲那样的微笑,唤起了他无意识中的对母亲的爱,但画家已不能再从那唇上得到亲吻,于是便以高超的画艺把那迷人的美连同他自己的感情全部表现在画布上,那神秘莫测的微笑由此而诞生。

"魔镜"的奥秘

在我国诸多的传世铜镜中,有那么一些铜镜,从外表上看,与一般的铜镜并没有什么区别,但是,当放在日光或强光下照明时,实际并不透光的铜镜居然会产生"透光"的效应,铜镜背面的纹饰会在影子上显现出来。这是多么不可思议的现象啊!难怪欧洲与日本人要把它称之为"魔镜",而我国则称之为"透光镜"。

20世纪70年代以来,我国学者对"魔镜"做了多学科的探索,以图解开其谜。

其实,古今中外的学者,对"魔镜"为什么会透光的原理早就有研究。宋代的科学家沈括在《梦溪笔谈》中就提出了"铸造说"。元代的吾邱衍则提出了"镶嵌说"。清代的郑复光在既同意沈括观点的同时,又提出了"刮磨说"。

在19世纪时,东方制造的"透光镜"传到了欧洲,使得不少欧洲学者也为之着魔,开始了对"魔镜"的研究。最早在1832年,普林赛泊提出了"型压说"。后来,又分别有学者提出了"刮磨说""加热说"。随

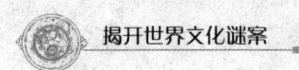

之，日本学者也开始了研究。这时的研究，采用的方法与思想都是建立在实证基础之上的，因此在原理上更为科学。

上海博物馆、复旦大学与交通大学的科研小组分别进行了"魔镜"复制试验。上海博物馆与复旦大学采用的是淬火法，交通大学采用的是铸磨法，都获得了成功。后来，全国试验的机构就更多了。各种理论也纷纷登场。

在经过了如此众多的试验，提出了各自理论之后，表面上看来，"魔镜"的奥秘已经被揭开了，因为人们确实用不同的方法都制得了具有"透光"效应的铜镜。然而，只要再深入一下，就会发现问题并没有最终解决，因为旧的问题解决了，新的问题也会继续产生出来。如：有那么多的方法制得"魔镜"，我国古代的制造方法究竟是哪一种呢？或者说是以哪一种为主呢？再如，到目前为止，科学工作者进行了那么多的成功实验，却并没有能够证明古代的"魔镜"是有意制成还是偶然所得的。另外，目前可以肯定的是曲率差异型铜镜能成为"魔镜"，而反射率差异型铜镜是否也有可能成为"魔镜"呢？在这个问题上，学者们仍然还有不同的见解。在许多原理的解释上，也还有争议。

因此，"魔镜"的难题依然存在，离开彻底揭开谜底依然还有相当的距离，依然是留给下一个世纪的难题之一。

"璇玑玉衡"之谜

在我国传世古籍《尚书·尧典》中，记载舜在继尧之位后，勤勉政务，其中有"在璇玑玉衡以齐七政"。这里说的"璇玑玉衡"究竟是什么？学术界争论至今，没有一个明确的答案。

从事文史研究的学者主张，是指北斗七星，认为《史记·天官书》早就讲到，舜根据观测北斗七星的斗柄变化来安排、从事政务。

但从事科技史研究的学者则主张，是指浑天仪（简称"浑仪"），认为《尚书大传》有舜用浑仪来观察测定日月五星（木、金、火、土、水）的运行轨道的记述。他们指出，如果璇玑玉衡是北斗七星，那么原文中的"在"字就讲不通了，所以《史记·天官书》在引文时只能把"在"字割弃了。但有学者不认为"在"字是障碍，因为他们把"在"字解释为"察"，也就字通义顺了。

这种单纯的文字上的辩驳，恐怕再进行2 000年也还是相持不下。因此，主张后一说的学者又尝试从实物上寻求突破。过去曾有人把传世玉器中的一种中间有圆孔，周缘有不规则缺齿的玉制品认为是璇玑，但这已经被否定了。最近，又有学者提出一种新的看法。他根据《周礼·考工记·匠人》与《周髀算经》中的有关记载，设想最初的璇玑（浑仪）应该是在一块半板上直立一根木杆，白天可以用来测日影，晚上可以用来参校北极星。在木杆上端与平板的前端处用一根木轴相连接，中间安上可以转动的望筒（窥管），就是璇玑玉衡了。

璇玑玉衡是不是浑仪，对于《尚书·尧典》来说似乎并无多大影响，而对于科技史来说却关系甚大。如果"璇玑玉衡"真是指浑仪，那么早期的天文学史就会有一个很大的突破与进展了。所以，现在的天文学者与科技史学者对《尚书·尧典》这一记载的关注，远比社会科学学者急切，他们希望这一难题能在下一个世纪得到解决，以真正知晓早期的浑仪究竟是个什么模样。

最大的综合性大百科全书之谜

《新不列颠大百科全书》是最大的综合性英语语音大百科全书，1768年12月至1771年间首次在苏格兰的爱丁堡出版。美国的一些书商于1898年获得了再版的版权，并在1899年得到该书所有权。现在由芝加哥编纂、出版这本《全书》，第15版《全书》共4 400万字，32卷，32330页，撰稿人超过4 000人。

八卦模式与人脑结构之谜

在对《周易》的现代研究中，学者们将《周易》与自然科学的许多领域相结合，因而提出了许多令人深感新奇的观点。比如《周易》与遗传密码，《周易》与二进制数学和电子计算机，《周易》与现代天文学，等等。人们还将易学引入脑科学（神经科学）的研究领域，试图借助《周易》去洞悉脑和思维。

无疑，脑科学是现代科学体系当中最具挑战性的学科之一。人们发现，脑功能形态系统与《周易》中的阴阳理论具有相似性。进一步研究又发现，脑的结构其实也蕴涵着八卦模式。《周易》以八卦作为世界的象征，卦由爻组成，阳爻为奇数一、三、五称九，阴爻为偶数二、四、六称六，形成一个阴阳有序的六层排列。在八卦演绎的过程中，爻位是固定的，但爻则变化不定，随着爻的变动，卦也发生改变，以此显示天地之道循环往复，人事之千变万化。但有趣的是，大脑皮质的组织形式也

第三篇 迷雾重重的世界文化

图 3-24 八卦符

是呈六层有序结构，层次间的细胞构筑及其机能特性上的差异也显现出阴阳变化。在大脑皮质的垂直切面上，由浅至深可分为六个层次，而大脑皮质是以纵向的柱状集合或细胞群为基本单位进行工作的，每一个柱状集合内六层结构和八卦的六爻相似。已知八卦内六爻之间的阴阳互动存在着复杂的应、比、承、乘的关系，而大脑皮质柱状集合的六层结构内神经元之间，也存在着一个非常复杂的目前尚未完全清楚的神经环路关系。这种饶有兴味的相似，实在令人感到新奇。

同时，人们也发现，八卦的数字符号与人脑的工作语言有相似之处。八卦是由阴阳二符组成体系，它与计算机的二进制体系相似：如果我们设定阴爻（- -）为0，阳爻（——）为1，自下而上计数，则八卦与二进制的关系为：

111　110　101　100　011　010　001　000
7　　6　　5　　4　　3　　2　　1　　0

这样一来，六道爻的八卦与六道爻的六十四卦分别为三位数和八位数的二进制数字。我们知道，脑是以神经脉冲密度及神经递质进行电化学编码，以神经元的开、合为工作语言。这样，从阴（- -）——阳（——）到0——1到开——合，八卦、计算机似乎使用类似的语言。

不过，人脑结构的复杂性显然不是那么简单，而且《周易》作为一种古老的思维方式是极为朴素、直观的。八卦模式与人脑结构究竟是否有相似，此间的谜团只能由科学发展来加以证实。

八阵图与军事上的应用之谜

八阵图是诸葛亮在军事上的一个了不起的创造。传说它奇幻莫测，威力无穷。但是，八阵图怎么行兵布阵？如何变幻阵势，则成了千古之谜。

目前学者对八阵图的研究资料十分有限，这为破解此谜增加了难度。历代诗人墨客对八阵图多有赞美之词。大历元年，即公元766年，诗人杜甫初到夔州，凭吊了当年诸葛亮构造的八阵图遗址，写下了这样的诗句："功盖三分国，名成八阵图。江流石不转，遗恨失吞吴"。诗人把诸葛亮的三分天下之功写构造八阵之名相提并论，也足见八阵图的历史价值了。成都武侯祠上的碑刻也写道："一统经纶志未酬，布阵有图诚妙略。""江上阵图犹布列，蜀中相业有辉光。"诸葛亮一生戎马倥偬，确实离不开八阵图。

八阵图也被小说家们加以神化了。罗贯中在《三国演义》中写八阵图"常有气如云，从内而起"。阵内怪石峥嵘，江涛怒吼。东吴名将陆逊不识八阵，冲入阵中，阵内突然狂风大作，"一霎时，飞沙走石，遮天盖地"。虽左冲右突，却不能出阵，后来幸遇一老者，才逃出八阵。回首望那八阵，依然云雾茫茫，神秘难测。

据军事史家们研究，八阵图的威力来自它的布局有方，可分可合，可定可变。八阵可能是按八卦的原理布置兵力。八阵有八个门，是休门、生门、伤门、杜门、景门、死门、惊门、开门。其中生门、景门、开门是吉门，休门、伤门、杜门、死门、惊门五门是凶门。全阵用14 000马军，50人为一队，共280队；步军10 000人列为200队，每个步兵占地二步，一马军占地4步，10人为一列，面对面，背对背，马军步军互相

第三篇 迷雾重重的世界文化

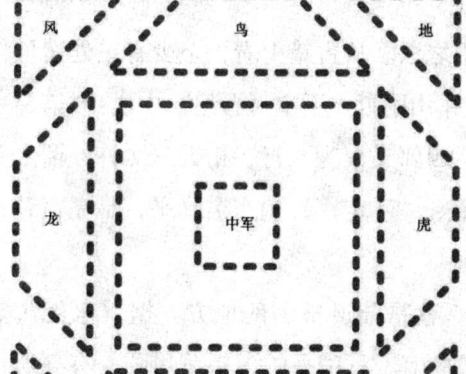

图3-25 诸葛亮八阵示意图

配合,又可轮换,以便进行战时休息,保存实力。八阵图也能改变阵容,以迷惑敌人。

宋朝的阮逸在《李靖问对》一书,曾详细阐明了八阵图的方法。书中指出,八阵图最初由5队人马组成,其排列方法是将正方形平均分为八个方格,中间一格驻一队,边角上的四个方格各驻一队,中间一队稳居中央,其余四队可在周围八个方格内变换位置,队形随机而变,兵力机动灵活,前后左右紧相呼应,因而有一定的威力。

八阵图的威力也来自它便于用倚伏之法杀伤敌人的有生力量。八阵图内用石块或辎重车体等构造掩蔽和障碍。车体蒙上皮革,因此人们称之为"车蒙阵"。这些阵内工事迂回曲折,能有效地阻挡敌人骑兵的进攻,锉败其锐势,掩蔽和保护自己。敌人进阵后,守阵将士可用弓矢矛戟加以杀伤,用机动部队加以切割肢解,轻骑在阵内不能发挥优势,往往被各个击破。

诸葛亮做八阵图是对历史上阵法理论的继承和发展。东汉学者郑玄注《周礼》时指出,春秋时代杰出的军事家孙武曾在兵法书中讲述八阵之法。《隋书·经籍志》一书著有"孙子八阵图"一节,可惜内容散失。不过,这也说明八阵图古已有之。1972年,山东临沂县银雀山出土的《孙子兵法》残简中,其中有一节是《八阵篇》。汉朝及三国时代的军队也演习八阵法,例如《三国志·武帝纪》中说,"十月都试车马,幸长水南门,会五营士为八阵进退"。不过,诸葛亮吸收和继承了历代军事家在八阵法中的精华，又创造性地加以发展，因此后人说他的八阵法源于孙武，又不像孙武。

八阵法是诸葛亮行兵作战的常用之法。从古籍上看，至少有三处遗址使用过这种方法。一处在陕西勉县定军山附近。干宝《晋纪》中说："诸葛孔明于汉中积石作垒，方可数百步；四郭又聚为八行，相去三丈许，谓之八阵图。"《水经·沔水注》中也记载："（定军）山东名高平，是亮宿营处，营东即八阵图也。"

第二处在川东奉节县长江边上，就是陆逊被困的地方。据《水经·江水注》记载："江水又东经诸葛图垒南。石碛平旷，望兼川陆，有亮所造八阵图，车跨古垒，皆垒细石为之。自垒南去，聚不成八行，行间相距二丈。"

第三处在四川新都县北三十里的牟弥镇。据《大明一统志》记载："武侯八阵图，土城四门，中起六十四魁，八八为行。"可见，八阵之法是诸葛亮的常用之法。三国时代的历史学家陈寿在《三国志》中也指出，诸葛亮"推演兵法，作八阵图"。

不过，奉节县长江边上的八阵图可能不是实战的遗迹，而是演习八阵法的地方。据《荆州图志》和对禹锡《嘉话录》记载，这里的八阵图聚石成堆，石堆高五尺，六十围，纵横棋布，排列为六十四堆。石堆建造得很牢固，夏天大水冲击淹没，冬季水落平川；万物都失故态，唯八阵石垒岿然不动。由汉魏至唐，历经600年石垒依旧。这些石垒，可能是练兵时军队队形变化的一种参照物。

八阵图在战争中的应用、变化究竟如何，现在还只是略知一二。随着考古挖掘的发现，也许能提供古代八阵法的更多的资料。八阵图究竟是不是八卦原理在军事上的运用？它的布局、作战机理究竟如何？这是一份军事史珍贵的遗产，值得我们花精力破解此谜。

《马拉之死》成因之谜

"生当作人杰,死亦为鬼雄"。18世纪法国资产阶级革命时期著名的革命家让·保尔·马拉死后没有成为"鬼雄",然而,他的死却成就了艺术史上的一大奇迹,这就是世界名画——《马拉之死》。

当年,马拉被刺的消息传出后群情激愤。法国新古典主义大师雅克·路易·大卫受命用他的画笔表现马拉被刺的情景。3个月后,著名的题为《马拉之死》的油画开始在罗浮宫公开展出。参观后人们交口称赞此画艺术地再现了马拉的崇高形象,以真实的细节成功再现了马拉遇刺身亡的情景。但大家对画家为何这样构图则有着各自不同的理解。绝大多数人认为,大卫是采用写实的手法,把马拉生前常常在浴缸中工作这一典型场景作为创作素材的。大卫本人说过:"在马拉被刺的前几天,我被派去访问他。他在浴缸中的情景使我惊讶。浴缸旁边有一个木墩,上面放着墨水瓶和纸,在浴缸外的手却在书写关于人民福利的计划。我认为,把马拉为人民而操劳的生活情景展示给人民是有益的。"

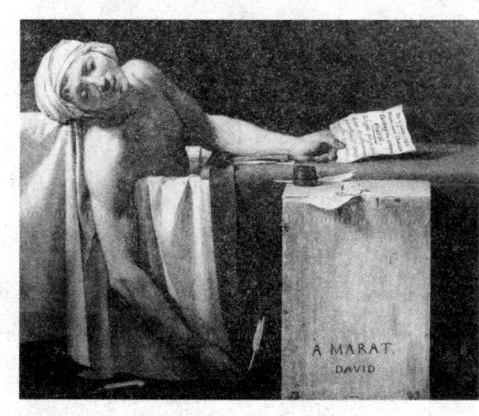

图 3-26 马拉之死

但是,也有人认为该画的创作思想根本不是如此,大卫如此构图与马拉所得疾病没有丝毫的关系。据专为马拉遗体做防腐处理的医生断定,马拉患的是麻风病而不是湿疹。所以大卫在绘制《马拉之死》时只不过是借鉴参考了同年前些时候他为另一位革命英雄——勒佩蒂埃所作肖像画的画法。勒佩蒂埃生前也是国民公会代表，遭反动分子暗杀后，大卫也曾为他画像。画面中死者赤裸着上身躺在床上，致命的伤痕清晰可见，造型单纯明确，意境极为崇高，艺术处理非常成功。所以，大卫决定以同样的手法来塑造马拉为革命献身的英雄形象，只不过不同的是这次马拉是死在浴缸中。另外，还有一些艺术史家们主张应从纯艺术的角度来看待这个问题。他们认为大卫不仅是新古典主义画派的巨擘，而且又是一个写实派画家，正是这种双重性决定了《马拉之死》的艺术构思。

这个问题众说纷纭，莫衷一是。但由于至今尚未发现画家本人就此问题所做的详细说明，所以以上种种观点谁是谁非，很难下结论。真相如何还有待于人们继续探索。

罗马人为什么要用处女守护圣火

在厄比妮亚那个时代，供奉罗马灶神威斯塔的神庙里，一年四季圣火都燃烧着，共有6个处女守护着圣火。她们担当守护神庙圣火的重要宗教职务，共同在称为灶神院的地方居住；她们以灶神庙中永远燃烧的圣火为守护对象，以此来纪念史前时代每一次生火的艰难。由于灶神崇拜以火为中心，并且火纯洁无垢，因此，罗马人认为守护神庙圣火的只能是处女。

守护圣火的处女除了生病之外，一般不能离开她们所居住的罗马公会所东南的女灶神庙。每天每名处女至少值勤8小时，主要负责保持神殿内圣火不熄灭。她们还有诸如到圣泉去取水，为公众祈福以及烹制祭礼仪式上用的祭品等其他职责。守护圣火的处女在庆祝农作物收成的节日上有更多的宗教任务，而更不可思议的是，她们必须参加

第三篇 迷雾重重的世界文化

生育祭礼。由于这些处女被整个罗马人的社会公认圣洁无垢，因而她们还受命保管条约、遗嘱、珍宝和其他重要文件等。或许这种服务是她们自愿提供的，委以如此重任也常看作是对她们的敬意。

图3-27 守护圣火的处女

守护圣火的处女享有的特权与荣誉是其他罗马妇女所没有的。但是守护圣火的处女也有严格的纪律约束，一旦犯错就要受可怕的处罚。如果她们玩忽职守，会受到祭司长的严惩，以鞭答来惩罚任由圣火熄灭的守护圣火的处女，对不贞的则处以活埋。后一项表明了罗马人认为守护圣火的处女一定要纯洁。

被活埋的守护圣火的处女在长达1 000年的历史中不到20人，这其中部分原因可能是严厉的惩罚，起到了相当大的威慑作用。当然那20个遭活埋的女性中，也许有些是被冤枉的，起因是罗马人认为受人尊敬的处女如果行为不端，可能会引起军事失利及其他灾难。

"月光奏鸣曲"之谜

每当从收音机中或钢琴上传来那轻柔、缥缈的"月光奏鸣曲"的美妙旋律时，许多音乐爱好者的眼前便会浮现出"碧天如水夜云轻""天街夜色凉如水"等诗般幽美的夜景，特别在夜深人静之时聆听，更会产生这般感觉。但是听者中恐怕还有不少人并不知道，贝多芬的这首著名钢琴曲，原来并没有"月光"这个标题，它的正式名字应该是"升C小调钢琴奏鸣曲"。那么，究竟是何人，又为何加上了这样一个美妙的标题呢？

说法是很多的。其中，流传得最为广泛的一个是：某晚，贝多芬在莱茵河畔的某一小镇散步，听到一间破旧房子中有人正在弹奏着自己所写的一首曲子，还听到弹奏者（一位女子）边弹边与另一人叹息着自己因无力购买音乐会的门票去聆听贝多芬本人的演奏而深感惋惜。贝多芬大受感动，便推门而入，走到钢琴前为他们——一个鞋匠与他的盲妹妹弹奏了刚才的那首曲子。一曲弹完，他余情未尽，便又即兴弹起了一首新曲。这时正好月光如水，照得满屋皆白。

图3-28 月光奏鸣曲

贝多芬的乐曲也就照着此情此景驰骋了起来。弹完后，他飞奔回住所，连夜把刚才即兴所弹之曲记录、整理了出来，便为"月光奏鸣曲"。这一故事现在几乎传遍了全世界，甚至许多国家（其中也包括我国）的小学语文课本都把它收作课文。

另一略为相似的传说是：某晚，贝多芬在维也纳郊外的林中散步，偶过一贵族别墅，便信步走进想做片刻休息。谁知里面正在举行盛大歌舞晚会。人们发现了贝多芬后便一致盛情邀请他即席演奏。贝多芬慨然允诺。这时，皎洁的月光照入大厅，贝多芬和钢琴沐浴在这银光之中，音乐家因此而灵感大发，即兴弹奏了一首美妙的乐曲，回去后加以整理，便写出了"月光奏鸣曲"。某位名画家还根据此事画成了一幅油画,在世界上也很闻名。

这两个传闻在情节上虽有很大出入,但有一点却是共同的:即贝多芬是受了月光的启发而即兴创作的。但许多音乐史家研究、考证后都证明实际上并无上述两事。贝多芬虽有即兴作曲之才,但这首曲子却不是即兴之作,而是经过了艰苦的劳动才创作出来的,那反复修改涂抹的手稿便是一个有力的证明。

因此,有些音乐史家根据这首曲子第一版扉页上的献辞:"献给朱丽叶塔·基恰尔弟",提出了另一些解释。一说贝多芬与其女弟子朱丽叶塔热恋时曾经常在月夜下的林中散步,贝多芬是在恋人温柔的爱情与美丽的月光的激发下创作出这首曲子,并把它题献给自己的恋人的。一年多前在我国放映过的电影《永恒的情人》中就有这样的内容;我国艺术家丰子恺也有类似的看法,他认为是贝多芬的"诉衷情曲"。但对贝多芬深有研究的著名作家罗曼·罗兰却认为此曲不是贝多芬的热恋之作,而是失恋之作,而且内容与月光也根本无关,所表现的是他当时内心深处痛苦、悲愤、绝望及对昔日恋情的留恋等复杂感情。但有些音乐史家指出,这首曲子作于1801年,此时正是贝、朱热恋之时,而后来朱丽叶塔因受贵族家庭压力被迫另嫁他人是一年多之后的事情,因此1801年贝多芬怎么会写出失恋之作呢?后来又有人查明:贝多芬的这首奏鸣曲原先也并不是打算献给朱丽叶塔的,而是因为原先答应献给朱丽叶塔的一首"G大调轮回曲",不知为何被一位公爵夫人要了去,贝多芬为了不食前言才改送他新创作的这首钢琴曲的。因此这首曲子也未必与朱丽叶塔的月光下散步有关。

但是,有不少音乐家或评论家还是坚持这首曲子主要是表现月光的,他们甚至做出了相当具体的描写:第一乐章为"月之初升";第二乐章为"朗月之悬太清";第三乐章为"午夜之狂飙"……其代表者便是德国诗人、音乐评论家、著名的舒伯特小夜曲的词作者雷尔斯塔布。他听了这首乐曲的演奏后,凭他那诗人的丰富想象力,首先用诗一般的语言描绘出上面所说的那些意境和感受。以后那些流传甚广的与月光有关的传说故事,以及不知哪位出版商为了打开曲谱销路而乘机加上"月光"这个标题,大概都多少受到雷尔斯塔布的影响。

不过,反对这首钢琴奏鸣曲是表现月光的人也不少。他们都根据自己的理解和感受对乐曲进行了解释。有人说它是"少女为生病的父亲的祈祷";有人说它描绘了一幅带有圆亭的美丽风景;有人则说它表现了阴郁的、狂暴的、悲剧性的情绪或无限的愁思和惆怅的回忆……

那么,贝多芬本人生前对这首曲子又做了些什么表示呢?除了第一版扉页上的献辞外,他还在全曲前加上了两个音乐表现术语"近乎幻想地"和"非常纤细地弹奏",并且还说过他自己并不认为这首很著名的钢琴曲是他最好的钢琴作品。然而,他对别人后来加上的"月光"这个标题及与月光有关的传说也没有表示过不满或反对,因此,贝多芬在创作这首曲子时到底是如何构思的,到底想表现什么,除了他本人外,也就没有任何人能肯定地说清楚了。这也就为后来的音乐家、评论家和听众留下了广阔的想象余地。

但不管怎样,有一个事实却是无可否认的,那就是这首钢琴曲从它诞生的那一天起,就由于其意境深远、感情丰富、结构巧妙、指法流畅而大受演奏家和听众的欢迎,并以"月光奏鸣曲"之名传遍了全世界,许多人聆听时都产生过对月夜的联想。因此,又有谁能断言贝多芬在创作这首曲子时就一定与月光没有关系呢?

玛雅文明之谜

玛雅文明——这一人类幼年时期的辉煌，这一人类少年时期的梦幻，保留到如今的传说只会让现在的人们浮想联翩，然而，这一文明为何如此先进呢？公元前1000年，玛雅人在危地马拉、洪都拉斯、墨西哥等地过着定居的农业生活，从此，玛雅文化开始形成。

在前古典时期，已经出现了玛雅历法。南部玛雅人在制作陶器、石雕艺术等方面取得了巨大的发展。中部玛雅人建有房基，也制作陶器，建有拱顶和添加灰浆的毛石工程，还树有一系列古碑。北方玛雅人不仅可以制作简陋的原始陶器，而且还建有大型的宗教中心。

图3-29　玛雅文明

玛雅人独立地创造了象形文字，这些象形文字一般刻在祭台、石柱、金字塔、陶器上，或者写在用树皮做成的纸上。玛雅人以石碑作为年鉴，每20年立一块石碑，以记载发生的重大事件。令人赞叹不已的玛雅人用象形文字撰写了浩如烟海的史书，当西班牙殖民者入侵美洲后，殖民者将这些典籍作为"异端学说"销毁了。得以幸存下来并公认的只有3本，即《玛雅三抄书》。

另外，玛雅人也十分精通天文学，他们能准确地预测到日食、月食，并计算出金星公转的周期，数据十分精确，甚至比同时期中国，欧洲计

算得都准。玛雅人在数学上也成就斐然。早在公元前3000年,玛雅人就发现和使用了数字0,这比世界上其他民族要早800年。

在建筑、雕刻和绘画上,玛雅人更是堪称一绝。巧夺天工的石砌金字塔、太阳庙堪与埃及金字塔媲美,而且镶嵌在每一建筑物上的巨型石雕都精美绝伦而又含意深邃。

玛雅人创造了灿烂的文明,为其赢得了"新世界的希腊人"的美誉。

玛雅人在公元前1000年前创造出了辉煌的文化,如今这些文化的发现令世人瞩目。人们在墨西哥丛林中发现了9座金字塔。塔中存放着精致的、当时不可能拥有的器件,主要有凹凸透镜、蓄电池、变压器、太阳系模型碎片。塔内有一种空间形态能,可以使刀刃锋利起来,让有机物发生脱水反应。1927年,美国探险家马萨斯发现了一具水晶骷髅,它发出耀眼的七色异彩,并且具有麻醉般的催眠作用。这一切,都是玛雅文明的产物。

文化上的辉煌已令世人吃惊,但更不可思议的是,公元前909年,玛雅人抛弃他们自己用双手建造起来的繁荣城市,转向荒凉的深山老林,导致了玛雅文明的神秘失踪。玛雅人为什么要进行集体迁移?史学界对此有着各种解释与猜测。有学者认为,外族侵犯、气候骤变、地震破坏和瘟疫流行都可能造成大规模的集体迁移。然而,这些假设和猜测都是不具备说服力的。首先,当时的南美大陆还不存在一个强大民族可以与玛雅人对抗;其次,气象专家几经努力,仍然不能论证公元前8~9世纪间,南美大陆有过灾难性气候骤变。玛雅人那些雄伟的石结构建筑,虽然有些已经倒塌,但仍有不少历经千年风雨仍然保存完整,因此也可以排除地震灾难之说。

至于瘟疫流行问题,看来很有可能。然而,在玛雅人盘踞的上万平方千米的版图内,是不可能都发生大规模的流行瘟疫的,而且大瘟疫是具有突发性的,而玛雅人的整个迁移,先后共历时百年之久。

还有学者认为由于玛雅人采取的耕种办法不恰当,导致了森林遭到破坏，土地丧失了肥力，等等。为求生存，玛雅人被迫迁移。

以上种种解释都有一定的合理性，但具体真实的原因又是怎样的呢？至今尚无定论。人们期待着这个原因的早日发现。

"小人国"之谜

可能有很多读者都读过由英国小说家乔纳森·斯威夫特写的儿童读物《格列弗游记》，该小说还被好莱坞搬上了银幕。故事讲述了一个在海船上做医生的男人的经历：

"他们的船在往东印度群岛去的途中，被一阵强风暴刮到了凡迪门兰（澳大利亚的塔斯马尼亚岛原名凡迪门兰）的西北方，船被掀翻了，他用尽全力向岸上游去。

当他醒来时，正好天已亮了。他想起来，却动弹不得。

由于他恰好是仰天躺着，发现自己的胳膊和腿都被牢牢地绑在地上；又长又厚的头发，也被同样地绑着，从腋窝到大腿，他感觉身上也横绑着些细细的带子。太阳开始热起来了，阳光刺痛了他的眼睛。他听到周围一片嘈杂声，可除了天空外他什么也看不到。

过了一会儿，他觉得有个什么活的东西在他的腿上蠕动，轻轻地向前移着，越过他的胸脯，到了他的下巴前。他尽力将眼睛往下看，竟发现一个身高不足六英寸，手持弓箭，背负箭袋的人！与此同时，他感觉到至少有四十个他的同类（他估算）随他而来。

他大为吃惊，猛吼一声，结果吓得他们全都掉头就跑。后来他知道了，那些小人中有几个因为从他腰部往下跳，竟跌伤了。"

这是个关于小人国的童话故事。很多人都相信在地球上一定有小人国，他们和我们一样，只是尺寸要比我们小很多而已。不过，除了做梦和漫游在童话世界中能见到小人，在现实生活中，好像还没有谁见过真正的小人。当然，侏儒除外。可是，在1934年的冬天，美国许多报纸都在头版报道了一篇消息，使人们对小人国的真实存在发生了兴趣。报道是这样说的。

图3－30　小人国

在美国落基山脉的彼得罗山上，两个布拉内斯加州的金矿工人在爆破一处含金砂岩时，意外地发现了一个高约一米的山洞，洞口竖立着几根立柱，好像是探矿场的坑道。洞内一片漆黑，深不见底。在强烈好奇心的驱使下，那两个金矿工人随着手电筒微弱的光线向内探寻。突然，他们发现前面似乎有个东西，在手电筒光圈的慢慢移动中，一个高不及膝的小人大睁着双眼端坐在一个石凳上看着他们。两人登时魂飞魄散，大嚎一声掉头就往外跑。回过神来后，两人看着洞口，并没有人追出来。经过商量，他们决定鼓足勇气再进去一探究竟。他们小心翼翼地顺着原路来到了小人那里，吆喝了几声，对方毫无反应，于是他们凑上前去仔细观察，发现那个小人原来早已作古。俩人兴奋至极，童话里和传说中的小人还真有啊！他们决定将小人运出山洞。他们用随身携带的大手帕将小人仔细地包裹起来，连夜下山向当地政府汇报了此事。

政府部门也毫不懈怠，立即将干尸派人送往卡斯帕医院进行鉴定。当医生们将裹得严严实实的手帕打开时，露出来的"小东西"可吓了他们一跳。经过对小人尸体进行X光和其他多项指标的化验，当地政府对外宣布的结果令人吃惊不已：这个"小人"是一个与一般人类生理结构完全相同的60多岁的成年男性。

科学家对这个小人体进行了仔细的研究：他身高只有48厘米，牙齿很整齐，犬齿比我们稍微尖长一点，估计是因为长期生食动物肉所致。他的眼睛很大，前额却很低，头盖和鼻子都很扁。在小人的锁骨上有明显的重伤痕迹，身上的其他地方也留有很多伤痕，但整体发育健全。

怎么会这样呢？他们究竟属于哪一种族？他们是从什么年代开始生活在这里的？他们是落基山脉的一个人种呢？还是几千年前甚至几万年前的古人类？他们已经灭绝了还是继续生活在一个不为人知的地方？他是不是就是传说中的"小人国民"？

为了弄清是否真的有小人国，小人之所以有别于地球其他人种的原因，许多科学家纷纷对此进行了研究。他们沿着落基山脉——安第斯山脉进行了专门的考察，但却一无所获，没有任何有效的证据能够证明在这一地区有小人国存在。

那么那个被发现的小人又如何解释呢？最后，一个叫弗格留申的医学教授，在几度冒险深入南美密林后，根据当地印第安人的传说故事和他们所掌握的一种医药技术，终于弄清楚了小人的由来：

在印第安人的传说中，在南美洲的安第斯山脉中曾经确实有一个小人国存在，据说，这里的小人们虽然身材矮小，但却发育得非常健壮，并且极其凶猛好斗。他们个个身手敏捷，健步如飞。

在与其他部落发生战斗之后，他们喜欢将俘虏的头砍下来，经过一种特殊方法的缩制后保存下来。缩制后的头颅只有拳头大小，而且样貌丝毫不变。在他们的部落里，男人们以拥有缩制头颅的数量论英雄。

后来，由于小人国周围的部落无法忍受他们的这种残忍行为，于是向上天祷告毁灭他们。在他们虔诚的祷告下，神灵终于被感动了，于是用神火毁灭了小人国。根据这个传说，弗格留申教授在印第安希

巴洛奇族人那里找到了他们特有的医药缩头术方法。并得知那两个金矿工人发现的小人就是通过用一种叫"特山德沙"的草药制剂浸泡处理后形成的。经过这种处理以后的尸体,可以永远清楚地保持死前的面目。

在希巴洛奇族人部落,所有族里有地位的酋长、元老死后都用"特山德沙"进行全身处理形成小干尸,在死后享受全族的供奉和祭祀。由此,小人国的真相终于大白。不过,相信世界上的大多数人们还是希望能够有真正的小人国存在,那该是多么神奇的事情啊。